全国高校教师教学创新大赛

通关21条

AI赋能版

王梅 著

人民邮电出版社
北京

图书在版编目（CIP）数据

全国高校教师教学创新大赛通关21条：AI赋能版 / 王梅著. -- 北京：人民邮电出版社，2025. -- ISBN 978-7-115-65812-8

Ⅰ．G642.0

中国国家版本馆CIP数据核字第2024A12Y54号

内 容 提 要

本书针对全国高校教师教学创新大赛，精心总结了常见的21个误区，并相应提炼了21条实用计策，旨在通过AI助力教师避开备赛误区，提升教学创新水平。

本书内容涉及AI在分析、生成、设计等方面的应用，以"实际案例+误区分析+避坑计策+实施要点+ AI解决方案"的方式来帮助教师拨开认知迷雾，打造优质备赛材料，完美展现教学风采。无论你是初次参赛的新手还是经验丰富的老将，本书都是你不可或缺的备赛宝典，能切实帮助你以AI为翼，飞出教学创新的"新高度"。

◆ 著　　　王　梅
　　责任编辑　牟桂玲
　　责任印制　焦志炜

◆ 人民邮电出版社出版发行　北京市丰台区成寿寺路11号
　　邮编　100164　电子邮件　315@ptpress.com.cn
　　网址　https://www.ptpress.com.cn
　　北京九州迅驰传媒文化有限公司印刷

◆ 开本：720×960　1/16
　　印张：12　　　　　　　　　　2025年1月第1版
　　字数：173千字　　　　　　　2025年4月北京第3次印刷

定价：59.80元

读者服务热线：(010)81055410　印装质量热线：(010)81055316
反盗版热线：(010)81055315

在当今这个日新月异的时代，教育作为推动社会进步与文明传承的重要力量，正经历着前所未有的变革。技术的飞速发展，特别是人工智能、大数据等新兴技术的崛起，不仅深刻改变了人们的生活方式，更为教育模式与方法带来了颠覆性的变革。在这场教育的深刻变革中，全国高校教师教学创新大赛犹如一座灯塔，照亮了教师们探索教学新境界的道路，成为一场思想与智慧的盛宴。

全国高校教师教学创新大赛被誉为"全国教师教学的奥林匹克大赛"，由教育部高等教育司指导，中国高等教育学会主办。自2020年启动以来，已成功举办多届，成为高校教师教学竞赛中的顶级赛事。它旨在进一步推进教育强国建设与高等教育高质量发展，还致力于落实立德树人根本任务，大力弘扬教育家精神，助力高校课程思政建设和新工科、新医科、新农科、新文科建设，推动信息技术与高等教育教学创新发展，提高产教协同育人成效，提升高校教师教书育人能力和高校人才自主培养质量，打造高校教学改革的风向标。这不仅是一场竞赛，更是一次对教育创新的全面检阅和盛大展示。

作为一名长期耕耘在高校教育田野上的教师，我深知教育的重要性和教师的辛劳。教育不仅是知识的传授，更是灵魂的触碰与启迪。在这个快速变化的时代，教师们不仅承载着传统的教书育人使命，更面临着创新教学、激发学生潜能、培养未来社会所需人才的新挑战。全国高校教师教学创新大赛正是对这一时代需求的积极响应，它为广大教师提供了一个展示教学智慧、创新能力和专业素养的重要舞台。

然而，荣耀与辉煌的背后，总是伴随着艰辛与挑战。通往成功的道路从来都不是平坦的，尤其是在这个充满竞争与变革的教育领域。许多教师在备赛过程中遇到了各种各样的困惑和挑战，他们不仅要面对繁重的教学任务，还要在有限的时间内完成高质量的教学创新设计和成果报告。如何在激烈的竞争中脱颖而出？如何将教学创新落到实处？这些问题成为每位参赛教师不得不深入思考的重要课题。

正是在这个背景下，《全国高校教师教学创新大赛通关21条（AI赋能版）》应运而生。本书的撰写，源于我对教育事业的深厚情感和对教师们辛勤付出的深切理解。多年来，我指导了许多来自不同学校、不同学科的教师参加全国高校教师教学创新大赛。我深知，每一位教师都渴望在教学创新的道路上走得更远、更稳，都希望能够在激烈的竞争中脱颖而出，展现自己的教学魅力。因此，我决心将多年来对全国高校教师教学创新大赛的研究与实践经验，结合AI的最新技术手段，倾注于本书中，为广大教师提供一份系统、实用、具有前瞻性的备赛指南。

在本书中，你将看到精心设计的21条计策，这些计策旨在借助AI工具帮助你有效避开备赛过程中常见的误区。从赛前准备的"细研深耕计"到成果撰写的"高瞻远瞩计""主线串联计"，再到视频录制的"真实还原计"，以及现场汇报的"镇静制胜计"，AI分析、AI生成、AI设计，每一个环节都凝聚着我对教学创新的深刻理解和实践经验。我希望通过这些策略与案例的分享，能够帮助你在备赛过程中更加精准地定位自己，更加有效地展示自己的教学创新成果。

但我的目标并不仅仅停留于帮助你取得比赛的胜利，我更希望通过这场比赛，让你在教学创新的道路上走得更远、更稳。AI赋能的21条计策不仅是比赛策略，更是教学理念和方法的升华。我希望这本书能够成为你教学创新之路上的得力助手，为你注入源源不断的动力与智慧。

教育是一门把可能性变为现实的艺术，它不仅是传授知识，更是点燃希望、激发潜能、塑造未来的过程。而教学创新，正是实现这一过程的关键途径。我衷心希望本书不仅能够启发你的创新思维，更能将你的教学梦想变为现实，让你成为教育领域的创新先锋。

教育的未来，在于不断创新；教师的未来，在于不断突破。在这个充满挑战与机遇的时代，让我们一起乘风破浪，共创辉煌！让我们一同踏上这段充满挑战与收获的旅程，共同探索教学创新的无限可能。我相信，只要我们怀揣着对教育的热爱与执着，勇于创新、敢于突破，就一定能够在教学的道路上走得更远、飞得更高！

最后，我想用一句话来结束这篇序言："教育的本质是一棵树摇动另一棵树，一朵云推动另一朵云，一个灵魂唤醒另一个灵魂。"愿本书能够摇动你的教学创新之树，推动你的教学智慧之云，唤醒你的教学创新灵魂。让我们一起，为了教育的未来，为了学生的成长，不断前行、不断创新、不断突破，共同书写教育事业的辉煌篇章！

注：为了保持 AI 工具回答的完整性和真实性，本书在收录这些由 AI 工具自动生成的答案时，仅限于修改其中的知识性错误，而最大限度地保留了答案的原貌，即便这意味着其中可能存在语法、标点符号、一致性等瑕疵。因此，本书所提供的 AI 答案仅为一种参考资源，我们诚挚地邀请读者运用批判性思维来审视这些材料，并在实际运用时结合具体情况进行考量。

绪章

当 AI 邂逅教学创新大赛时 1

第一章

AI 分析，助你拨开教学创新大赛认知迷雾 12

误区 01：通知研读不仔细——细研深耕计 13
误区 02：组别选择有偏差——明察秋毫计 26
误区 03：报告大纲不匹配——纲举目张计 35
误区 04：报告汇报同质化——分而治之计 42
误区 05：学情分析重形式——入微洞察计 48
误区 06：评价与目标脱节——锚定导航计 57
误区 07：东拼西凑关联弱——精准论证计 67

第二章

AI 生成，助你打造优质备赛材料 73

误区 08：就课论课站位低——高瞻远瞩计 74
误区 09：教学目标不清晰——明确定向计 81

误区 10：刻意贬低失真化——客观审视计 90

误区 11：创新特色不突显——主线串联计 96

误区 12：观点论证不充分——深度剖析计 102

误区 13：名词术语乱堆砌——实质为王计 109

误区 14：创新报告总结风——学术规范计 115

第三章

AI 设计，助你完美展现教学风采 122

误区 15：格式混乱不严谨——精雕细琢计 123

误区 16：图表呈现不清晰——简明呈现计 129

误区 17：颜色多样杂乱化——色彩统筹计 136

误区 18：课件设计太单调——视觉添彩计 144

误区 19：内容形式不协调——和谐共生计 155

误区 20：课堂实录表演化——真实还原计 161

误区 21：临场慌乱太紧张——镇静制胜计 167

附录

附录 1：材料准备问题清单 173

附录 2：材料自查清单 176

附录 3：产教融合课程教学创新成果报告模板 179

绪章

当 AI 邂逅教学创新大赛时

在科技与教育日益融合的今天，全国高校教师教学创新大赛（以下简称"教学创新大赛"）不仅是一个展示教师才华与智慧的舞台，更是推动教育理念革新、教学方法升级的重要契机。在这场智慧与创意的盛宴中，AI 以其独特的魅力悄然登场，为参赛教师们带来了前所未有的支持与助力。本章将带你一窥 AI 在教学创新大赛中的应用之道，以便教师们在大赛中能更好地发挥潜能，实现教学创新。

AI：创意与效率的催化剂

2023 年 9 月，联合国教科文组织在《教育与研究领域生成式人工智能指南》（Guidance for generative AI in education and research）中指出，生成式 AI 是一种根据自然语言会话界面编写的提示词自动生成响应内容的人工智能技术，其核心在于"生成"——能够基于大量数据学习并创造出全新的、有价值的内容。与传统的分析式 AI 仅擅长处理和分析已有信息不同，生成式 AI 拥有更广阔的想象空间和创造力，能够辅助人类完成从文字创作、图像生成、音乐编曲到视频制作等多种复杂任务。在教学创新大赛的准备过程中，生成式 AI（以下简称"AI"）正日益展现出其颠覆传统教学模式的巨大潜力。

AI 六大核心功能，助力教师在教学创新大赛中出彩

功能 1：精准政策解读与报告优化

AI 能够深度剖析相关政策文本（如全国高校教师教学创新大赛通知，以下简称"大赛通知"），结合大赛的评分细则与核心要求，为教师提供精准的修改建议。它不仅能识别教学创新成果报告中的亮点与短板，还能明确改进路径，并附上具体可行的优化建议，全面助力教师完善报告内容。

功能 2：智能构建报告框架

针对教师的实际需求与教学实践，AI 能够自动生成报告的框架与核心内容。通过深度挖掘教师的教学经验、改革举措及实施效果，AI 能提炼出核心亮点，系统总结成果，并严格遵循规范的报告格式与学术标准，生成一份完整、专业的报告。更进一步，AI 还能根据教师的教学设计、课程内容及教学目标，自动生成课堂教学实录视频的详细脚本，确保视频录制条理清晰，同时充分展现教学创新点。

功能 3：全方位教学数据分析与策略优化

AI 能对教师提交的教学数据进行深度解析，涵盖学生成绩、课堂参与度、反馈意见等多个维度。通过量化评估手段，AI 能提炼出支撑教学效果的关键结论，识别数据背后的规律与趋势，为教师提供科学的数据决策支持，进而优化教学策略。

功能 4：精细的文本校对保障

AI 能对教师提交的 Word 文档进行全方位校阅，包括语法、错别字、多字漏字、标点符号等，确保文本的规范性与准确性。

功能 5：快速定制教学图像视频素材

根据教师的个性化需求，AI 能够迅速生成高质量的图片、视频等教学辅助材料。教师只需输入关键词、简单描述或提供粗略草图，AI 即能自动生成符合要求的图像视频素材，并支持进一步的个性化定制与编辑。

功能 6：高效打造专业 PPT 演示文稿

AI 能根据教师的教学内容与设计理念，自动生成设计精美、专业规范的 PPT 演示文稿。它提供多样化的模板选择、素材推荐以及便捷的个性化编辑功能，帮助教师快速制作出课堂教学 PPT 和符合大赛要求的教学设计创新汇报 PPT 材料。

综上所述，AI 的这六大功能将为参加教学创新大赛的教师提供全方位、深层次的支持与帮助，显著提高教学材料准备的效率与质量，助力教师在大赛中脱颖而出，取得优异成绩。

驾驭 AI 的 5R 法，高效备战教学创新大赛

要充分利用 AI 的强大功能，我们需学会驾驭它的方法。图 0-1 展示了在备战教学创新大赛中应用 5R 法驾驭 AI 的流程。

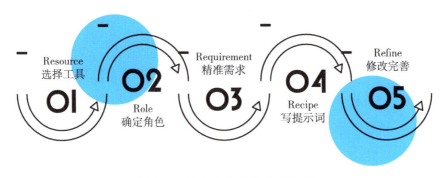

图 0-1 应用 5R 法驾驭 AI 的流程

1R：选择工具

市面上有很多 AI 工具，它们提供的资源各不相同，因此具有不同的特点和优势。根据任务的不同，我们需要选择合适的工具，如表 0-1 所示。

表 0-1 AI 工具推荐

任务	工具	说明
文本分析 文本生成 数据分析	文心一言	支持 Word、PDF、TXT、PPT、Excel 格式，最多可上传 100 个文件，单个最大 200MB
	Kimi	支持 Word、PDF、TXT、PPT、Excel 格式，最多可上传 50 个文件，单个最大 100MB
文档校对	秘塔写作猫	Word 插件，可进行文章校阅或 AI 写作
图像生成	通义万相	根据提示词生成图片
视频生成	智谱清言	利用智能体"清影 –AI 生视频"，可以用任意的文本、图片生成视频
PPT 制作	Kimi	利用 PPT 助手，可以一键生成 PPT

2R：确定角色

在使用 AI 时，明确界定 AI 所扮演的角色至关重要。不同的角色对应着不同的语境、语言风格、知识背景以及情感色彩。为了充分发挥 AI 的高度灵活性和个性化回应能力，在使用 AI 赋能教学创新大赛时，需要根据不同的任务为它分配角色，以便其能够根据角色的职业特点、所处环境等因素，自动调整语言风格和表达方式，生成精准、恰当的回答，使输出内容更加贴近实际场景。例如，教学创新大赛的评审专家都是资深的教育教学专家，或是教学经验丰富的一线教师，因此赋予 AI 的角色就应该是各种专家。

3R：精准需求

在追求高质量答案的过程中，与 AI 的有效沟通尤为重要。为了确保 AI 能够准确理解并生成满足期望的内容，采用 ABCD 法则来构建精准的需求是一个高效策略。这一法则从受众（Audience，A）、行为（Behavior，B）、条件（Condition，C）以及程度（Degree，D）四个维度，帮助我们将复杂的需求拆解为清晰、具体的指令。

A：针对受众输出材料。明确你的答案或方案面向的受众群体。

B：完成行为。具体说明希望受众在接收到你的信息后采取的行动或改变。

C：设定条件。明确任务执行的具体环境或条件，包括时间、地点、情境等。

D：确定程度的标准或水平。量化或具体化希望达到的效果或标准。

例 请为我设计一份面向已具备基础的编程能力和一定的数据结构知识，但对复杂数据结构的理解尚待加深的大二计算机科学与技术专业的学生【受众 A】，关于"数据结构"课程中"二叉树遍历"章节的教学方案【行为 B】。课程时间限制为 45 分钟，课程内容包含理论讲解、实例演示、学生编程练习及讨论反馈环节。使用多媒体教学工具（如 PPT、在线编程平台）辅助教学，鼓励学生通过小组合作探究解决问题【条件 C】。通过该方案，80% 以上的学生能够掌握二叉树的三种基本遍历方式（前序遍历、中序遍历、后序遍历），并能够独立编写代码实现这些遍历算法，理解不同遍历方式在解决实际问题中的应用场景；同时，激发学生探索数据结构领域更广泛应用的兴趣【程度 D】。

通过这样的 ABCD 法则明确需求，将有助于撰写清晰的提示词。

4R：写提示词

在运用 AI 追求教学创新的道路上，精准的提示词如同导航罗盘，为教师指引前进的方向。编写高质量的提示词并非易事，但幸运的是，Kimi 的提示词专家为教师提供了强大的支持。只需打开 Kimi 的提示词专家，将角色和需求详细告知 Kimi，它便能迅速生成标准的提示词。

提示词

请你扮演一名资深的计算机领域课程设计专家【角色】，为我设计一份面向已具备基础的编程能力和一定的数据结构知识，但对复杂数据结构的理解尚待加深的大二计算机科学与技术专业的学生【受众 A】，关于"数据结构"课程中"二叉树遍历"章节的教学方案【行为 B】。课程时间限制为 45 分钟，课程内容包含理论讲解、实例演示、学生编程练习及讨论反馈环节。使用多媒体教学工具（如 PPT、在线编程平台）辅助教学，鼓励学生通过小组合作探究解决问题【条件 C】。通过该方案，80% 以上的学生能够掌握二叉树的三种基本遍历方式（前序遍历、中序遍历、后序遍历），并能够独立编写代码实现这些遍历算法，理解不同遍历方式在解决实际问题中的应用场景；同时，激发学生探索数据结构领域更广泛应用的兴趣【程度 D】。

AI 回答

- Role（角色）：资深的计算机领域课程设计专家。
- Background（背景）：针对大二计算机科学与技术专业的学生，他们已具备基础的编程能力和一定的数据结构知识，但需要加深对复杂数据结构的理解。
- Profile（简介）：你是一位经验丰富的教育者，擅长将抽象的计算机科学概念转化为学生易于理解的知识。
- Skills（技能）：精通数据结构和算法，具备优秀的教学设计和沟通技巧。

- Goals（目标）：设计一堂 45 分钟的"数据结构"课程，专注于二叉树的遍历，使学生能够理解并实现前序、中序和后序遍历，同时激发他们对数据结构的兴趣。
- Constrains（限制）：课程时间限制为 45 分钟，使用多媒体教学工具辅助教学，鼓励小组合作。
- OutputFormat（输出格式）：课程教学方案，包括理论讲解、实例演示、编程练习和讨论反馈。
- Workflow（工作流）。
1. 引入二叉树遍历的概念和重要性（5 分钟）。
2. 讲解三种遍历方式的原理（10 分钟）。
3. 实例演示每种遍历方式的步骤和代码实现（10 分钟）。
4. 学生分组进行编程练习，实现二叉树遍历算法（10 分钟）。
5. 讨论反馈环节，学生展示编程成果并进行互评（10 分钟）。
- Examples（示例）。
• 遍历算法示例代码。
• 二叉树遍历在不同场景下的应用案例。
- Initialization（初始化）: 欢迎同学们进入今天的"数据结构"课程，我们将深入探索二叉树的遍历技术，这不仅是数据结构中的一个重要概念，也是解决许多实际问题的关键。

5R：修改完善

得到标准的提示词后，还可以根据需要对其进行修改完善。例如，如果希望教学设计中体现高阶性、创新性和挑战度，可以修改提示词的相关内容。

- Goals：设计一堂 45 分钟的"数据结构"课程，专注于二叉树的遍历，使学生能够理解并实现前序、中序和后序遍历，同时激发他们对数据结构的兴趣。要求课程内容及教学活动充分体现高阶性、创新性和挑战度。

将修改后的提示词复制、粘贴到文心一言[①]或 Kimi 中,就能轻松得到一份"数据结构——二叉树的遍历"课程教学方案了。

AI 回答

教学方案:"数据结构——二叉树遍历"课程
1. 引入二叉树遍历的概念(5 分钟)
- 开场白。
"同学们,欢迎来到《数据结构》的又一精彩章节——二叉树的遍历。二叉树作为计算机科学中最基础且最重要的数据结构之一,其遍历方法不仅是我们理解树形结构的关键,也是后续复杂算法和数据结构学习的基础。"
- 定义与重要性。
简要回顾二叉树的基本概念和特性(节点、边、根节点、子节点等)。
引入遍历的概念:"遍历,简单来说,就是按照一定的顺序访问树中的每个节点,且每个节点仅被访问一次。对于二叉树,有三种基本的遍历方式:前序遍历、中序遍历和后序遍历。"
- 动机激发。
展示实际应用场景(如文件系统的目录结构、表达式树的求值等),说明学习二叉树遍历的重要性。
2. 讲解三种遍历方式的理论基础(10 分钟)
- 前序遍历(Preorder Traversal)。
定义:先访问根节点,然后遍历左子树,最后遍历右子树。
示例描述:使用递归或栈实现的前序遍历过程。
- 中序遍历(Inorder Traversal)。
定义:先遍历左子树,然后访问根节点,最后遍历右子树。
强调:在中序遍历中,会按照升序访问节点。

[①] 本书所使用的是文心大模型 3.5 版本。请注意:鉴于 AI 技术的固有特性,即便是相同的提示词,也可能会产生不同的回答结果。

- 后序遍历（Postorder Traversal）。

定义：先遍历左子树，然后遍历右子树，最后访问根节点。

提醒：后序遍历的顺序容易混淆，强调"左右根"的顺序。

- 对比与总结。

使用图表或动画展示三种遍历方式的区别。

强调每种遍历方式的应用场景和特性。

3. 演示遍历算法的代码实现（10 分钟）

- 选择编程语言：以 Python 为例，其简洁性和易读性适合教学。
- 代码演示。

分别展示前序、中序、后序遍历的递归实现。

示例代码（Python）：

```
class TreeNode:
    def __init__(self, val=0, left=None, right=None):
        self.val = val
        self.left = left
        self.right = right

    def preorderTraversal(root):
      if root:
        print(root.val, end=")
        preorderTraversal(root.left)
        preorderTraversal(root.right)
# 中序和后序遍历类似，省略详细代码以避免冗长
```

- 解释代码逻辑。

逐步解释每行代码的作用，确保学生理解算法的执行流程。

4. 分组进行编程练习，实现遍历算法（10 分钟）

- 分组：将学生分成小组，每组 4~5 人，鼓励不同水平的学生混合组队。
- 任务布置。

给出一个简单的二叉树结构（可以是图形描述或代码定义），要求每组学生使用非递归方式（如栈或队列）实现至少一种遍历算法。

鼓励使用不同的编程语言（如 Java、C++），以增加编程的多样性。

• 监督与指导。

在学生编程过程中，教师巡视各组，提供必要的指导和帮助。

5. 讨论反馈，学生展示编程结果并讨论（10 分钟）

• 展示环节。

每组选派一名学生代表，展示他们的代码和遍历结果。

其他学生和教师可以提问，促进知识交流。

• 讨论与反馈。

引导学生讨论不同遍历方式的优缺点及适用场景。

针对学生代码中的亮点和不足进行点评，提出改进建议。

• 总结与拓展。

总结本节课的重点内容，强调二叉树遍历的重要性。预告下一节课的内容，激发学生继续学习的兴趣。

结束语："通过今天的学习，我们掌握了二叉树的三种遍历方式，并通过编程实践加深了对这些概念的理解。希望同学们能在未来的学习和项目中灵活运用这些知识，解决更多实际问题。我们下节课再见！"

可以针对生成的内容与 AI 持续交流，直到得到预期的结果。

本书使用小贴士

为了方便读者使用本书，特将 21 个误区和教学创新大赛的备赛环节相对应，详见表 0-2。

表 0-2 误区与备赛环节对应表

序号	备赛环节	误区编号
1	参赛准备	01、02
2	报告撰写	08、09、10、11、12
3	课堂实录	18、19、20
4	材料审核	03、04、05、06、07、13、14、15、16、17
5	现场汇报	21

第一章

AI 分析，助你拨开教学创新大赛认知迷雾

踏上教学创新大赛的征途，每一步都充满挑战与机遇。然而，赛事背后潜藏的种种误区，往往让参赛者措手不及，陷入认知的困惑之中。本章将逐一揭开这些误区的真实面貌。从大赛通知研读到参赛组别选择；从教学创新成果报告与教学大纲的契合，到教学设计创新汇报 PPT 的制作；从学情分析，到考评反馈、教学目标的设定，再到教学效果的论证，每一环节都暗含挑战，而 AI 分析正是那把穿透迷雾的钥匙。通过深入的数据洞察与智能分析，AI 将助你避开误区，明确方向，以智慧的光芒照亮前行的征途。让我们并肩同行，借助 AI 的力量，共同攀登大赛的荣耀之巅。

误区 01：通知研读不仔细——细研深耕计

差若毫厘，谬以千里。

——《礼记·经解》

【实际案例】

某大学的李老师，其以通俗易懂的教学风格在"高等数学"课程中赢得了学生们的广泛好评。一日，教学创新大赛的讯息传来，李老师对此产生了兴趣，决定参与竞争，随即全身心地投入参赛资料的准备工作中。遗憾的是，在最终公布的校赛名单上，李老师的名字并未出现。经核查，问题出在了一个容易被忽略的参赛细节上——提交的相关材料和现场汇报环节中不得出现参赛教师姓名、所在高校及院系名称等透露个人身份的信息。这一细微的条款，不经意间成了李老师通往竞赛舞台的门槛。

【误区分析】

未充分理解和遵守大赛通知中的规定要求，导致因小疏忽而错失良机。

【避坑计策】

细研深耕计：是指仔细研读大赛通知，深入理解内容，以避免因疏忽而出现问题的策略。

【实施要点】

- 逐字研读：逐字逐句地研读大赛通知，确保理解每一个条款和细节。
- 重点标记：在研读过程中，对关键信息、特殊要求或限制条件进行标记，以便后续回顾和确认。
- 清单制定：根据通知要求，制定一份详细的准备清单，确保所有要求都得到满足。

【AI 解决方案】

1R：选择工具

挑选合适的文本分析工具，例如文心一言。

2R：确定角色

定位为资深教育政策专家。

3R：精准需求

采用 ABCD 法则来构建精准的需求。

A：为准备参加教学创新大赛的老师撰写一份标准的提示词。

B：逐字研读大赛通知，标记重点信息，制定一份详尽的准备工作清单。

C：以大赛通知为编制清单的参考依据。

D：确保对通知中的每一条款和细节都有精准的理解，并保证准备工作清单全面符合比赛要求。

4R：写提示词

将以下提示词提供给 Kimi 的提示词专家，生成标准的提示词。

> 撰写提示词时，尽量使用专有术语的全称而非简称。

提示词

请你扮演一名资深教育政策专家，撰写一份标准的提示词。任务是通过对全国高校教师教学创新大赛的通知逐字研读，标记重点信息，制定一份详尽的准备工作清单，确保对通知中的每一条款和细节都有精准的理解，并保证准备工作清单全面符合比赛要求。

AI 回答

- Role: 资深教育政策专家。
- Background: 教育政策专家需要对全国高校教师教学创新大赛的通知进行深入分析，确保对通知中的每一条款和细节都有精准的理解，并制定出一份详尽的准备工作清单。
- Profile: 你是一位在教育领域具有丰富经验的政策分析师，擅长解读和执行教育相关的政策和规定。
- Skills: 政策解读能力、细节分析、清单制定、教育法规知识。
- Goals: 制定一份详尽的准备工作清单，确保参赛者能够准确理解并满足所有要求。
- Constrains: 准备工作清单需覆盖通知中所有提到的要求，无遗漏，且易于理解和执行。
- OutputFormat: 文本列表，包含所有关键点和准备步骤。
- Workflow。
1. 仔细阅读大赛通知，理解其目的和要求。
2. 标记通知中的关键信息和条款。
3. 根据标记的信息，制定详细的准备工作清单。
4. 审核清单，确保无遗漏且符合大赛要求。
- Examples。
• 参赛资格：确保所有参赛者符合年龄、学历等要求。
• 提交材料：列出所有需要提交的文件和材料，包括截止日期。
• 比赛流程：详细描述比赛的各个阶段和时间安排。
- Initialization: 欢迎参与本次大赛，我将协助你详细解读大赛通知，并制定出完美的准备工作清单。

请发送大赛通知的文本，以便我开始为你制定准备工作清单。

5R：修改完善

为确保参赛准备工作的高效与准确，我们期望 AI 在接收标准提示词的基础上，能够精确识别文件中的时间节点。为此，我们建议对 OutputFormat 参数进行以下调整。

请生成一份详尽的文本清单，清单中应详列所有关键信息点、具体的时间节点以及必需的备赛行动项。

接下来，将修改完善后的提示词复制并粘贴至文心一言，以获取全面的文本分析报告。

> 与 AI 问答前请确保将大赛通知（以 2024 年通知为例）预先上传至 AI 系统，以便进行深入分析。

AI 回答

第四届全国高校教师教学创新大赛准备工作清单

一、参赛资格确认

个人或团队形式参赛均可。

个人：全国普通本科高等学校（含军队院校）在职教师，主讲教师近 5 年对参赛的本科课程讲授 2 轮及以上。

团队：团队成员包括 1 名主讲教师和不超过 3 名团队教师。

资格限制：已获得前三届大赛全国赛一等奖的主讲教师不能再次参赛。

二、比赛流程与时间节点

1. 校赛

（1）时间：具体时间由各高校自行安排，须按时完成。

（2）内容：选拔参加省赛的教师（团队）。

（3）提交材料。

· 参加校赛教师（团队）名单汇总表（加盖单位公章）。

· 校赛工作总结。

2. 省赛

（1）时间：各赛区负责组织实施，并于 2024 年 5 月 7 日前上传全国赛参赛教师（团队）名单。

（2）内容：选拔并推荐参加全国赛的教师（团队）。

（3）提交材料。

- 推荐参加全国赛的教师（团队）名单汇总表。
- 省赛工作总结。

3. 全国赛

（1）网络评审：拟于 2024 年 5—6 月举行。

（2）现场评审：拟于 2024 年 7—8 月在电子科技大学（四川成都）举办，具体时间另行通知。

三、参赛材料准备

1. 申报书

（1）通过大赛官方网站填写并提交，加盖公章。

（2）包含基本情况、教学情况、推荐意见等。

2. 教学创新成果报告（或课程思政创新报告）

（1）基于参赛课程的教学实践经验与反思，体现课程教学的创新举措、过程与成效。

（2）包括摘要、正文，字数约 4000 字。

（3）提交支撑材料及目录（不得出现透露个人身份的信息）。

3. 课堂教学实录视频及相关材料

（1）视频要求。

- 参赛课程中两个 1 学时的完整教学实录，共两个视频文件。
- 视频文件采用 MP4 格式，分辨率 720P 以上，每个文件大小不超过 1200MB。
- 视频按"课程名称＋授课内容"形式命名。

（2）配套材料。

- 参赛课程的教学大纲。
- 课堂教学实录视频内容对应的教案和课件。

四、其他注意事项

1. 原创性声明：保证参赛材料的原创性，不得抄袭、剽窃他人作品。

2. 身份信息保密：提交的相关材料和现场汇报环节中不得出现参赛教师姓名、

所在高校及院系名称等透露个人身份的信息。

3. 联系方式。

- 电子科技大学：联系人夏晨菲、王小平，电话028-61830×××、028-61830×××，电子邮箱×××@uestc.edu.cn。
- 北京世纪超星信息技术发展有限责任公司：联系人宁立霞、靳盼利、孔岑，电话15010870×××、18911601×××、18396834×××。
- 中国高等教育学会：联系人薛晓婧、叶守东、叶砚，电话010-82289×××、010-82289×××、010-82289×××。

五、评审标准

1. 网络评审：满分60分，课堂教学实录视频占40分，教学创新成果报告（或课程思政创新报告）占20分。
2. 现场评审：满分40分，包括教学设计创新汇报及提问交流。

六、奖项设置

1. 个人（团队）奖：按组别分设一、二、三等奖，比例分别为15%、35%、50%。
2. 优秀组织奖：对大赛开展过程中，教师参与度高、大赛成绩突出、影响效果明显的组织单位进行表彰。

请参赛教师（团队）严格按照上述清单准备，确保符合大赛各项要求，祝参赛顺利！

为了更深入地理解文件内容，我们提倡与AI保持持续的互动与沟通。例如，可以利用AI来辅助制作一份详尽的备赛时间规划表，确保每个环节都能按时推进，进而提升备赛效率。

提示词

请根据本通知的具体内容，为有意向参加全国高校教师教学创新大赛的教师量身打造一份详尽的备赛时间规划表。

温馨提示

目前，AI工具普遍配备了提示词优化功能，可根据个人需求进行调整。以下是使用文心一言优化后的提示词。

请根据本通知的具体内容，为有意向参加全国高校教师教学创新大赛的教师量身打造一份详尽的备赛时间规划表。

要求：

（1）规划表应涵盖参赛教师的整个备赛过程，包括前期准备、参赛日程、比赛后的总结等阶段；

（2）考虑到参赛教师的实际情况和教学创新大赛的特点，合理安排时间，确保备赛过程中工作的高效和顺利进行；

（3）规划表应简洁明了，易于理解和执行，同时注重细节和实用性。

请确保规划表符合参赛教师的实际需求，并有助于他们更好地准备参赛材料，提高获奖概率。

AI 回答

全国高校教师教学创新大赛备赛时间规划表

一、前期准备阶段（建议提前6个月开始）

1. 第1—2周：了解大赛信息，明确参赛方向

- 详细阅读大赛通知，明确参赛资格、比赛流程、提交材料要求及评分标准。
- 确定参赛课程及团队成员，初步制订备赛计划。

2. 第3—4周：组建团队，分工合作

- 组建参赛团队，明确各自职责，包括教学创新点挖掘、材料撰写、视频拍摄与剪辑等。
- 形成团队协作机制，制定详细分工表。

3. 第5—8周：教学创新点挖掘与整理

- 回顾近5年教学实践,挖掘教学创新点,整理成初步的教学创新成果报告框架。
- 形成教学创新成果报告大纲。

4. 第9—12周:教学设计优化与课程准备
- 根据教学创新点,优化教学设计,准备两个1学时的课堂教学内容。
- 完成教学设计文档,准备教案、课件等教学材料。

二、参赛材料准备阶段(建议提前3个月开始)

1. 第13—16周:课堂教学实录视频拍摄
- 组织课堂教学实录视频拍摄,确保视频质量符合大赛要求。
- 完成两个1学时的课堂教学实录视频及后期剪辑工作。

2. 第17—20周:教学创新成果报告撰写
- 基于教学实践与教学创新点,撰写详细的教学创新成果报告(或课程思政创新报告)。
- 完成教学创新成果报告初稿,并进行内部评审与修改。

3. 第21—24周:材料整合与提交准备
- 整合所有参赛材料,包括申报书、教学创新成果报告、课堂教学实录视频及相关支撑材料。
- 完成所有材料的电子化,准备提交至大赛官网。

三、校赛与省赛准备与参赛阶段(建议提前1~2个月开始)

1. 校赛准备(具体时间由各高校安排)
- 根据校赛要求,提交参赛材料,准备校赛汇报。
- 通过校赛选拔,获得参加省赛的资格。

2. 省赛准备(建议提前1个月开始)
- 根据省赛要求,进一步完善参赛材料,准备省赛汇报。
- 在省赛中表现优异,获得参加全国赛的资格。

四、全国赛准备与参赛阶段(具体时间另行通知)

1. 全国赛网络评审准备
- 确保所有参赛材料已上传至大赛官网,等待网络评审结果。
- 获得进入现场评审的资格。

2. 全国赛现场评审准备
- 根据网络评审反馈,调整教学设计创新汇报内容,进行模拟汇报练习。

- 现场汇报准备充分，表现优异。

五、比赛后总结与反馈阶段

1. 比赛后一周内
- 总结比赛过程中的经验教训，撰写比赛总结报告。
- 形成详细的比赛总结，为未来参赛提供参考。

2. 比赛后一个月内
- 向团队成员、学校及院系反馈比赛结果，分享参赛经验。
- 促进学校教学创新氛围的形成，提升整体教学质量。

此时间安排表仅供参考，具体安排需根据参赛老师的实际情况和大赛的具体要求进行调整。希望这份备赛时间安排表能够帮助参赛老师更好地准备参赛材料，提高获奖概率。

若认为长篇文字叙述缺乏直观性，不妨利用 AI 工具将文字信息转换为多种可视化格式，例如思维导图、流程图等。

提示词

请将"全国高校教师教学创新大赛备赛时间规划表"分解并呈现为思维导图样式，并以 Markdown 代码块形式输出。

AI 回答

全国高校教师教学创新大赛备赛时间规划表（思维导图）

一、前期准备阶段
- ### 了解大赛信息
  - 详细阅读大赛通知
  - 明确参赛资格、流程、材料要求及评分标准

- ### 明确参赛方向
  - 确定参赛课程及团队成员
  - 初步制订备赛计划

二、团队组建与分工
- ### 组建团队
  - 确定团队成员
- ### 分工合作
  - 明确各自职责（教学创新点挖掘、材料撰写、视频拍摄等）

三、教学创新点挖掘与整理
- ### 回顾教学实践
  - 近5年教学实践回顾
- ### 挖掘教学创新点
  - 整理教学创新点，形成报告大纲

四、教学设计优化与课程准备
- ### 优化教学设计
  - 根据创新点优化教学设计
- ### 准备教学内容
  - 准备两个1学时的课堂教学内容
  - 准备教案、课件等教学材料

五、参赛材料准备阶段
- ### 课堂教学实录视频拍摄
  - 组织拍摄课堂教学实录视频
  - 后期剪辑，确保视频质量
- ### 教学创新成果报告撰写
  - 撰写详细的教学创新成果报告
  - 内部评审与修改

- ### 材料整合与提交准备
    - 整合所有参赛材料
    - 准备提交至大赛官网

六、校赛与省赛准备与参赛
- ### 校赛准备
  - 提交参赛材料
  - 准备校赛汇报
- ### 省赛准备
  - 完善参赛材料
  - 准备省赛汇报

七、全国赛准备与参赛
- ### 网络评审准备
  - 上传所有参赛材料至官网
  - 等待网络评审结果
- ### 现场评审准备
  - 根据反馈调整汇报内容
  - 模拟汇报练习

八、比赛后总结与反馈
- ### 比赛后总结
  - 整理比赛经验教训
  - 撰写比赛总结报告
- ### 分享反馈
  - 向团队、学校及院系反馈比赛结果
  - 分享参赛经验

单击"复制代码"按钮后，请将 Markdown 代码复制并粘贴至 Markmap 在线编辑器 MIN2K 内，之后系统将自动生成对应的思维导图，如图 1-1 所示。

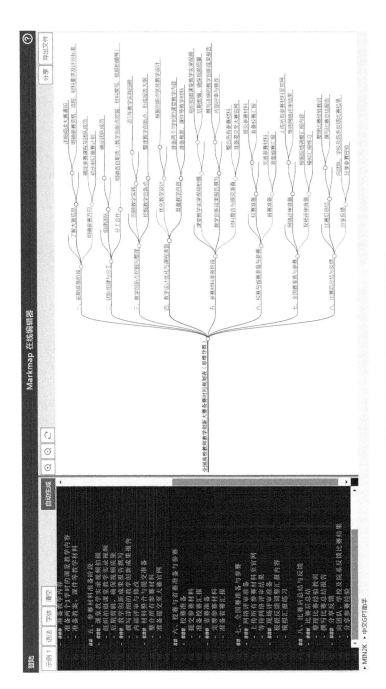

图 1-1 使用 MIN2K 生成的思维导图

采用细研深耕计，可以有效地规避因通知要求阅读不够细致而错失关键机会的风险，确保在教学创新大赛中获得更优异的成绩。马上体验一下吧！

> 若参赛者在阅读大赛通知时遇到任何不明确的条款，应立即联系比赛组织者或相关机构进行核实，以确保理解正确。在递交参赛材料之前，参赛者需要亲自或委托他人对材料进行复审核对，以确保内容的完整性与合规性。

温馨提示

误区 02：组别选择有偏差——明察秋毫计

如果一个人不知道他要驶向哪个码头，那么任何风都不会是顺风。

——古罗马哲学家吕齐乌斯·安涅·塞涅卡（Lucius Annaeus Seneca）

【实际案例】

张教授是一位在"工程力学"课程中融入思想政治教育的优秀教师，他擅长将国家发展、社会责任等主题与专业课内容紧密结合，激发学生的使命感与责任感。当他得知教学创新大赛即将举行时，决定借此机会展示自己独特的教学成果。考虑到"工程力学"与现代工程技术紧密相关，张教授选择了"新工科"组别报名参赛。然而，最终张教授并未进入复赛名单。经了解，问题出现在组别的选择上。"新工科"组别更注重工程技术领域的创新与实践能力，而张教授的课程特色在于将思政元素巧妙融合进专业教学之中，这实际上更符合"课程思政"组别的评审标准。这一失误使张教授失去了在合适平台上展示自己教学特色的宝贵机会。

【误区分析】

未能准确把握教学创新大赛不同组别的差异，导致选择了不恰当的参赛组别，进而错失展示自我的机会。

【避坑计策】

明察秋毫计：是指在选择参赛组别时，仔细分析、明智决策，以避免因选择偏差而陷入不利局面的策略。

【实施要点】

• 深入解读：深入探究新工科、新医科、新农科、新文科、基础课程、课程思政、产教融合七大组别的核心内涵、具体要求及发展趋势。

• 标准确立：明确七大组别的定义、课程申报要求和评审标准。

• 对比分析：进行七大组别的详细对比分析。

【AI 解决方案】

1R：选择工具

选择文本分析工具，如文心一言。

2R：确定角色

定位为具有跨学科背景的资深教育政策专家。

3R：精准需求

A：为准备参加教学创新大赛的教师撰写一份标准的提示词。

B：深入探究新工科、新医科、新农科、新文科、基础课程、课程思政、产教融合七大组别的核心内涵、具体要求及发展趋势；明确七大组别的定义、课程申报要求和评审标准；进行七大组别的详细对比分析。

C：以教育政策文件、改革方案及最新研究成果为参考。

D：确保深入理解各大组别的本质，全面掌握具体要求，准确预见发展趋势；制定清晰、易于执行的规则，有效指导课程申报；进行全面、客观、深入的对比研究，明确展现各大组别间的差异与共性。

4R：写提示词

将以下提示词提供给 Kimi 的提示词专家，生成标准的提示词。

提示词

> 请你扮演一名具有跨学科背景的资深教育政策专家，撰写一份标准的提示词。任务是以教育政策文件、改革方案及最新研究成果为参考，深入探究新工科、新医科、新农科、新文科、基础课程、课程思政、产教融合七大组别的核心内涵、具体要求及发展趋势；明确七大组别的定义、课程申报要求和评审标准；进行七大组别的详细对比分析。确保深入理解各大组别的本质，全面掌握具体要求，准确预见发展趋势；制定清晰、易于执行的规则，有效指导课程申报；进行全面、客观、深入的对比研究，明确展现各大组别间的差异与共性。

AI 回答

- Role: 跨学科背景的资深教育政策专家。
- Background: 教育政策文件、改革方案及最新研究成果是制定教育政策的基础，需要深入分析和理解新工科、新医科、新农科、新文科、基础课程、课程思政、产教融合七大组别的内涵、要求和发展动向。
- Profile: 你是一位具有深度教育政策理解和分析能力的专家，能够综合运用跨学科知识，为教育政策的制定和实施提供专业指导。
- Skills: 教育政策分析、课程设计、跨学科研究、政策制定、评审标准制定。
- Goals: 制定和明确七大组别的界定标准、课程申报的具体要求以及评审的具体标准；进行详细的对比性分析，确保准则清晰明确、易于操作执行。
- Constrains: 确保分析的全面性、客观性和深入性，以及准则的可操作性。
- OutputFormat: 规范的文本报告，包括界定标准、课程申报要求、评审标准和对比性分析。
- Workflow。
1. 研究和分析教育政策文件、改革方案及最新研究成果。
2. 明确七大组别的界定标准、课程申报要求和评审标准。
3. 对七大组别进行详细的对比性分析，明确差异与共性。
4. 制定易于操作执行的准则，确保准则的清晰性和指导性。
- Examples。
- 新工科：强调工程教育与新技术的结合，如人工智能、大数据等。
- 新医科：注重医学教育与公共卫生、健康管理的整合。
- 新农科：推动农业教育与现代生物技术、环境科学等的融合。
- Initialization: 欢迎进入教育政策制定与分析的专业领域，让我们共同探讨和制定符合时代发展需求的教育政策。

5R：修改完善

在获取标准提示词之后，我们希望了解 AI 为了深入理解各个组别的独特性，参考了哪些文献资料，并且如何针对七大组别分别以一门具体的大学本科课程为例进行详细分析。因此，我们建议更新 OutputFormat 设置，具体如下。

生成一份规范的文本报告，该报告应包含界定标准、课程申报要求、评审标准、对比性分析，以及所有引用的参考文献。此外，对于每一个赛组，都需选择一门具体的大学本科课程作为案例进行深入分析。

完成这些设置后，将修改完善后的提示词复制并粘贴到文心一言，以生成文本分析报告。

AI 回答

教育政策制定与分析报告

一、引言

欢迎进入教育政策制定与分析的专业领域。本报告旨在深入研究和探讨新工科、新医科、新农科、新文科、基础课程、课程思政、产教融合七大组别的内涵、要求及发展动向，以制定明确、清晰、易于操作的界定标准、课程申报要求及评审标准。通过跨学科的综合分析，本报告将为教育政策的制定和实施提供坚实的理论基础和实践指导。

二、七大组别界定标准

1. 新工科
- 界定标准：强调工程教育与前沿科技（如人工智能、大数据、云计算、物联网等）的深度融合，培养具备创新能力、跨学科思维和国际视野的工程科技人才。
- 案例剖析：以"智能制造工程"课程为例，该课程应涵盖智能制造系统的基础理论、关键技术及应用实践，注重理论与实践的紧密结合，培养学生在智能制造领域的综合能力。

2. 新医科
- 界定标准：注重医学教育与公共卫生、预防医学、健康管理的交叉融合，培养具备预防、诊断、治疗、康复及健康管理全链条服务能力的医学人才。
- 案例剖析：以"公共卫生与预防医学"课程为例，该课程应涵盖流行病学、卫生统计学、环境卫生学等基础知识，以及公共卫生事件应对、慢性病管理等实践技能，提升学生的公共卫生意识和能力。

3. 新农科
- 界定标准：推动农业教育与现代生物技术、信息技术、环境科学的交叉融合，培养具备现代农业科技创新能力和可持续发展理念的新型农业人才。
- 案例剖析：以"智慧农业技术"课程为例，该课程应涵盖农业物联网、精准农业、农业大数据分析等前沿技术，以及农业生态、农业可持续发展等理念，培养学生的现代农业技术应用能力和创新思维。

4. 新文科
- 界定标准：强调文科教育与现代科技、社会实践的紧密结合，培养具有跨学科视野、创新思维和社会责任感的人文社科人才。
- 案例剖析：以"数字人文"课程为例，该课程应融合计算机技术、数据分析方法与人文社科研究，探讨数字技术在文化传承、社会分析等领域的应用，提升学生的数字素养和人文研究能力。

5. 基础课程
- 界定标准：作为各专业学生的共同必修课程，基础课程应涵盖广泛的基础知识、基本技能和科学思维方法，为学生后续的专业学习奠定坚实基础。
- 案例剖析：以"高等数学"课程为例，该课程应系统讲授微积分、线性代数、概率论等基础知识，培养学生的数学逻辑思维和问题解决能力。

6. 课程思政
- 界定标准：将思想政治教育融入各类课程之中，通过知识传授与价值引领的有机结合，培养学生的家国情怀、社会责任感和道德情操。
- 案例剖析：以"经济学原理"课程为例，该课程在讲授经济学基本原理的同时，融入社会主义市场经济体制、经济伦理等内容，引导学生树立正确的价值观和世界观。

7. 产教融合
- 界定标准：促进教育链、人才链与产业链、创新链的有机衔接，通过校企合作、工学结合等方式，培养学生的实践能力和职业素养。
- 案例剖析：以"软件工程实训"课程为例，该课程与企业合作，设置真实项目任务，让学生在实践中学习软件开发的全流程，增强其软件开发能力和团队协作能力。

三、课程申报要求与评审标准

1. 课程申报要求

- 明确课程所属组别及目标定位。
- 提交详细的教学大纲、教学计划及教学资源。
- 阐述课程特色、创新点及预期成果。
- 提供合作单位（如企业、科研机构）的支持证明（针对产教融合课程）。

2. 评审标准

- 课程内容是否符合组别界定准则，体现前沿性和创新性。
- 教学设计是否合理，能否有效达成教学目标。
- 师资力量是否充足，教师是否具备跨学科背景和实践经验。
- 教学资源是否丰富，能否支持课程实施。
- 预期成果是否明确，是否具有可评估性。

四、对比性分析

通过对比性分析，我们发现七大组别在教育目标、教学内容、教学方法等方面各有侧重，但均强调跨学科融合、创新能力和实践能力的培养。基础课程注重基础知识和技能的传授；新工科、新医科、新农科、新文科则更加注重与前沿科技、社会实践的紧密结合；课程思政强调价值引领；产教融合则突出校企合作和工学结合的重要性。

五、结论与建议

本报告明确了七大组别的界定标准、课程申报要求和评审标准，并进行了详细的对比性分析。为进一步提升教育政策的有效性和可操作性，建议：

- 加强跨学科研究与交流，促进不同学科之间的融合与创新；
- 完善课程体系建设，确保各类课程能够满足学生全面发展的需求；
- 加强师资队伍建设，提升教师的跨学科背景和实践经验；
- 加大教学资源投入，为课程实施提供有力保障；
- 建立健全评估机制，定期对课程实施效果进行评估与反馈。

六、参考资料

[此处省略具体参考资料列表，实际报告中应详细列出所有引用的政策文件、研究报告、学术论文等。]

以上报告仅为示例框架，具体内容需根据实际情况进行补充和完善。

> AI 也会偷懒！在审查 AI 给出的答案时，我们发现它并未完全按照指示操作，例如未能列出所参考的文献资料。因此，我们需要再次与 AI 进行交流。

提示词

之前的分析做得相当不错，值得肯定，但还有改进的空间。请具体列出引用的参考文献，并确保所选资料的权威性和科学性。

> 对 AI 进行适当的鼓励会让它表现得更加出色，更好地完成任务！

温馨提示

AI 回答

当然，为了确保所引用资料的权威性和科学性，下面详尽列出之前分析中提及的每一项引用资料，并尽量提供具体的来源或出版信息。

1.《新工科教育》
- 作者为全国新工科教育创新中心，高等教育出版社出版。
- 该书是关于新工科教育理念、实践案例及未来发展趋势的权威著作，对新工科教育有深入剖析。

2.《项目管理知识体系指南》(Project Management Body of Knowledge, PMBOK)
- 作者为美国项目管理协会（PMI），电子工业出版社出版。
- PMBOK 是全球公认的项目管理知识体系标准，虽然主要面向项目管理领域，但其项目管理方法和理念对新工科教育中的项目化学习具有重要参考价值。

3.《健康中国背景下"新医科"发展战略研究》
- 何珂、汪玲撰写,发表于《中国工程科学》。
- 该文针对新医科教育的发展进行深入研究,提出了一系列发展策略和建议。

4. 国家卫生健康委员会相关政策文件
- 国家卫生健康委员会官方网站或政府公告。
- 包括与新医科教育相关的政策文件、通知、规划等,是了解新医科教育政策导向的重要依据。

5.《全国新农科建设进展报告》
- 全国新农科建设中心编写,高等教育出版社出版。
- 该报告明确了新农科建设的目标、任务和措施,是新农科教育发展的重要指导性文件。

6. 农业农村部相关政策文件
- 农业农村部官方网站或政府公告。
- 包括与农业教育、农业科技、农业产业发展等相关的政策文件,在新农科教育的课程设置、实践教学等方面具有指导意义。

7.《新文科建设年度发展报告》
- 全国新文科教育研究中心编写,山东大学出版社出版。
- 该报告对新文科建设的背景、意义、目标、路径等进行了全面阐述,是新文科教育研究的重要参考。

8. 教育部相关政策文件
- 教育部官方网站或政府公告。
- 包括与高等教育、课程改革、思政教育、产教融合等相关的各类政策文件,是高等教育领域政策导向的直接体现。

9.《高等学校课程思政建设指导纲要》
- 教育部印发。
- 该文件是高等学校课程思政建设的纲领性文件,对课程思政建设的目标要求和内容重点、教学体系设计和分类推进策略等方面进行了全面规划。

10.《关于深化新时代学校思想政治理论课改革创新的若干意见》
- 中共中央办公厅、国务院办公厅印发。
- 该文件是新时代学校思想政治理论课改革创新的纲领性文件,对思政课程的设置、内容、教学方法等方面提出了明确要求。

11.《国务院办公厅关于深化产教融合的若干意见》

- 国务院办公厅印发。
- 该文件是深化产教融合、校企合作的重要指导性文件，对产教融合的政策措施、组织实施等方面进行了全面部署。

请注意，由于资料的具体来源和版本可能随时间而变化，建议在实际引用时查证最新的官方发布信息。

在审视 AI 生成的这一版答案时，我们注意到它基本上满足了我们提出的各项要求。

运用明察秋毫计，可以有效避免选择错误的参赛组别，确保在比赛中能够全面展示个人能力和成果。立即行动起来，试试这个方法吧！

温馨提示

请参赛者严格遵循通知的指导，对课程进行彻底的自我审查，以确定其核心竞争优势和相应的参赛组别。完成自我评估后，应积极向经验丰富的同事、导师或行业专家寻求指导，汲取他们的观点和建议。

误区 03：报告大纲不匹配——纲举目张计

举一纲而万目张，解一卷而众篇明。

——汉·郑玄《诗谱序》

【实际案例】

王老师是某大学"工业机器人"课程的教师，以与时俱进的教学理念深受学生欢迎。当他看到教学创新大赛的通知时，便积极准备参赛，希望展示其在课程改革方面的成果。王老师精心撰写了教学创新成果报告，详细描述了如何将最新技术应用于实践教学，以及如何通过项目驱动的方式提高学生的动手能力和创新能力。然而，在提交材料时，王老师不慎上传了一份五年前的旧版教学大纲，这份大纲与当前的教学实践存在较大差异。最终，评委们发现教学创新成果报告与教学大纲内容不符，王老师的参赛作品也未能通过审核。

【误区分析】

提交的教学创新成果报告与教学大纲内容不匹配，例如在教学目标、教学内容、评价方法等方面，这可能导致参赛失败。

【避坑计策】

纲举目张计：是指在制作教学创新成果报告时，要先明确教学大纲，确保报告内容与教学大纲紧密对应，避免因结构混乱而陷入困境的策略。

【实施要点】

- 异同辨识：检查并识别教学大纲中的要素是否在教学创新成果报告中得到体现。
- 逻辑厘清：确保教学创新成果报告的逻辑结构清晰，其每一部分都能在教学大纲中找到相应的支撑。
- 仔细校对：对教学创新成果报告与教学大纲进行逐项对比，确保关键方面的统一性。

【AI 解决方案】

1R：选择工具

选择文本生成工具，如文心一言。

2R：确定角色

定位为资深课程分析专家。

3R：精准需求

A：为准备参加高校教师教学创新大赛的教师撰写一份标准的提示词。

B：撰写教学创新成果报告和教学大纲的对比分析报告。

C：以大赛通知为参考依据。

D：全面且准确地检查并识别教学大纲中的要素是否在教学创新成果报告中得到体现，确保教学创新成果报告的逻辑结构清晰，报告的每一部分都能在教学大纲中找到相应的支撑；对教学创新成果报告与教学大纲进行逐项对比，以达到逻辑严密、内容一致的高标准。

4R：写提示词

将以下提示词提供给 Kimi 的提示词专家，生成标准的提示词。

提示词

请你扮演一名资深课程分析专家，撰写一份标准的提示词。任务是根据全国高校教师教学创新大赛的通知，全面且准确地检查并识别教学大纲中的要素是否在教学创新成果报告中得到体现，确保教学创新成果报告的逻辑结构清晰，报告的每一部分都能在教学大纲中找到相应的支撑；对教学创新成果报告与教学大纲进行逐项对比，以达到逻辑严密、内容一致的高标准。

AI 回答

- Role: 资深课程分析专家。

- Background: 用户需要根据全国高校教师教学创新大赛的通知对教学创新成果报告进行审视，确保报告内容与教学大纲一致，逻辑严谨。
- Profile: 作为资深课程分析专家，你具备深厚的教育理论基础，丰富的教学大纲分析经验，以及对教学创新成果报告结构的深刻理解。
- Skills: 教学大纲分析、教学创新成果报告评估、逻辑框架构建、内容一致性校验。
- Goals: 确保教学创新成果报告的每一部分都能在教学大纲中找到清晰的依据，维护教学创新成果报告的逻辑框架，实现内容与大纲的一致性。
- Constrains: 教学创新成果报告内容必须严格对照教学大纲，不得有遗漏或偏差；分析过程需客观、公正，避免主观臆断。
- OutputFormat: 教学创新成果报告分析结果应以书面形式呈现，包括对照结果、不一致之处及改进建议。
- Workflow。
1. 详细阅读并理解全国高校教师教学创新大赛通知的要求。
2. 全面审视教学大纲，提取关键要素。
3. 对照教学创新成果报告，逐项检查是否展现教学大纲要素。
4. 识别教学创新成果报告中的逻辑框架，确保与教学大纲一致。
5. 记录对照过程中发现的任何不一致之处。
6. 提供改进建议，以增强报告的逻辑性和内容的一致性。
- Examples。
• 全国高校教师教学创新大赛通知中提到的教学方法创新，教学创新成果报告中应有具体的实施案例和效果评估与之对应。
• 教学大纲强调的以学生为中心教学法，在教学创新成果报告中应体现为学生参与度和反馈。
- Initialization: 欢迎进入教学创新成果报告与教学大纲对照分析流程。请提供全国高校教师教学创新大赛通知和相关教学材料，以便我开始分析工作。

5R：修改完善

在获取标准提示词之后，我们期望报告能够符合大赛的评分标准。因此，建议调整 OutputFormat 设置，更新为：

教学创新成果报告分析结果应以书面形式提交，涵盖全国高校教师教学创新大赛的评分标准、对比分析结果，指出不一致之处以及提出相应的改进建议。

接着，将修改完善后的提示词复制并粘贴至文心一言，以获取文本分析结果。

AI 回答

欢迎进入教学创新成果报告与教学大纲对比分析流程。为了高效地开展工作，请确保你已准备好以下材料。

- 大赛通知：详细阅读并理解大赛的具体要求、评价标准以及针对教学创新成果报告的具体指示。这将帮助我明确分析的重点和方向。
- 教学大纲：请提供完整的教学大纲文档，特别是那些与教学创新密切相关的部分。我需要从中提取关键的教学目标、教学内容、教学方法、评估标准等要素。
- 教学创新成果报告：这是分析的核心对象。请确保报告内容全面、翔实，能够清晰展示教学创新的实践过程、实施效果及反思总结。

接下来，我将按照既定的工作流程进行分析。

1. 解读大赛通知
- 仔细阅读大赛通知，明确其对教学创新成果报告的具体要求，如报告结构、内容重点、评价标准等。

2. 分析教学大纲
- 深入研读教学大纲，特别关注教学目标、教学内容安排、推荐的教学方法、评估与反馈机制等关键要素。
- 提取这些信息作为后续对照分析的基准。

3. 对比分析报告内容
- 将教学创新成果报告与教学大纲进行逐项对比，检查报告是否充分展示了教学大纲中的关键要素。
- 特别关注教学创新成果报告中是否有具体的实施案例、效果评估以及对学生学习成果的影响等内容，这些都是大赛评价的重要方面。

4. 评估报告的逻辑框架
- 分析教学创新成果报告的逻辑框架，确保其条理清晰、层次分明，能够引导读者逐步深入了解教学创新的实践过程与成果。
- 对照教学大纲，检查教学创新成果报告的逻辑顺序是否与教学内容的展开顺序相一致。

5. 记录不一致之处
- 在对比过程中，如发现报告内容与教学大纲存在不一致之处，应及时记录并标注。
- 特别注意那些可能影响报告整体评价的关键性不一致之处。

6. 提供改进建议
- 根据对比分析的结果，为教学创新成果报告提出具体的改进建议。
- 建议应聚焦于如何增强报告的逻辑性、提升内容的一致性以及更好地展现教学创新的实践成果与效果。

输出成果
- 编写书面分析报告，详细阐述大赛评价标准、对比结果、不一致之处以及相应的改进建议。
- 分析报告将作为重要参考依据，帮助你提升教学创新成果报告的质量与竞争力。

请提供上述所需材料，我将立即开始分析工作。如有任何疑问或需要进一步说明，请随时告知。

提示词

（上传教学创新成果报告、教学大纲、大赛通知等三份文件）请根据上传的文件，对教学创新成果报告和教学大纲进行对比分析。

AI 回答

教学创新成果报告与教学大纲对比分析报告

一、大赛评价标准与教学创新成果报告结构

根据第四届全国高校教师教学创新大赛的通知，大赛对教学创新成果报告的要求主要包括摘要、正文、教学成果及推广价值等部分。教学创新成果报告应基于教学实践经验，体现课程教学的创新举措、过程与成效，并明确教学成效及其推广价值。

二、教学大纲关键要素提取

- 教学目标：明确提出了"三会一中心"的培养目标，即会教学、会研究、会管理、以学生为中心。
- 教学内容：涉及职业教育理论与实践的多个方面，包括职业教育学的基本原理、职业院校专业建设、课程与教学改革、学生管理和教师培养的方法等。
- 教学方法：强调项目式教学法、现场教学法、虚拟仿真等多种教学方法的综合运用。
- 评估与反馈：提出了质量导向评价体系。

三、教学创新成果报告内容对比分析

1. 教学目标

- 报告中的教学目标与教学大纲中的"三会一中心"目标高度一致，详细阐述了各目标的具体内涵和实现路径。

2. 教学内容

- 报告通过构建"三会一中心"立体化教学目标体系、重构企业生产过程导向的内容体系等举措，全面覆盖了教学大纲中的关键教学内容。
- 特别是质量导向评价体系的建设，不仅涵盖了职业教育的基本理论和实践应用，还通过具体项目将理论与实践紧密结合。

3. 教学方法

- 报告中详细描述了项目式教学法、现场教学法、虚拟仿真等方法的实施过程和效果，与教学大纲中的推荐教学方法相吻合。
- 报告还创新性地提出了"三级螺旋"项目教学模式，进一步丰富了教学方法体系。

4. 评估与反馈

- 报告中的"全程进阶"质量导向评价体系与教学大纲中的评估与反馈机制相一致，都强调了过程性评价与终结性评价的结合。
- 报告通过智能评价手段和目标性评价反馈，进一步提升了评估的准确性和科学性。

四、教学创新成果报告逻辑框架评估

- 报告的逻辑框架清晰，从课程概述、学情分析与教学痛点、教学创新思路、创新举措到改革效果和推广情况，层层递进，符合教学大纲的教学内容展开顺序。

- 特别是创新举措部分，从教学目标体系、内容体系、思政体系、教学模式、教学方法、评价体系到教学资源与环境，系统地展示了教学创新的各个方面。

五、不一致之处与改进建议

经过对比分析，教学创新成果报告与教学大纲内容基本一致，未发现明显的不一致之处。然而，为了进一步提升报告的质量与竞争力，提出以下改进建议。

- 增加案例分析的深度：在报告中增加更多具体案例的分析，特别是那些成功实施教学创新并取得显著成效的案例，以增强说服力。
- 细化学生反馈与评价：进一步细化学生对教学创新的反馈与评价内容，包括学生对新教学方法的接受度、学习成效的提升等方面。
- 强化数据支持：在描述教学成效时，增加更多的数据支持，如具体的学生成绩提升、项目完成质量等量化指标，以更直观地展示教学创新的效果。

综上所述，教学创新成果报告与教学大纲内容高度一致，逻辑框架清晰，教学方法创新且实施效果显著。通过进一步优化案例分析、细化学生反馈与评价、强化数据支持等措施，可以进一步提升教学创新成果报告的质量与竞争力。

在此次 AI 生成的答案中，我们注意到它对教学创新成果报告与教学大纲进行了细致的对比分析，并提出了有益的改进建议。我们可以进一步对各个内容板块进行精确的对比研究，以期获得更加令人满意的结果。

采用纲举目张计，可以有效避免教学创新成果报告与教学大纲之间的不一致问题，确保你的教学成果得到精确而全面的展示，从而提高成功的可能性。不妨立即尝试这一方法！

> 请务必确保教学创新成果报告与教学大纲的同步更新。无论是教学内容的变化、教学目标的调整，还是评价方法的更新，都应及时在教学大纲中进行相应的修订。建议邀请同事或行业专家对教学创新成果报告及教学大纲进行审核，他们可能会发现你未曾注意到的差异。

温馨提示

误区 04：报告汇报同质化——分而治之计

形式追随功能。

——美国建筑师路易斯·沙利文（Louis Sullivan）

【实际案例】

徐老师是某大学"机械设计基础"课程的教师，以其创新的教学方法获得了广泛认可。当收到教学创新大赛的通知时，徐老师决定积极参与。他用心准备了一份教学创新成果报告，并为教学设计创新汇报制作了一套精美的PPT。然而，在成果评选中，徐老师的作品并未脱颖而出。事后了解到，问题在于徐老师未能区分教学创新成果报告与教学设计创新汇报的不同要求。他在撰写报告时，直接使用了汇报PPT中的截图，而这两者的侧重点本应有所不同。

【误区分析】

将教学创新成果报告与教学设计创新汇报的设计目的相混淆，未根据各自需求进行差异化设计，导致报告呈现或汇报效果不佳。

【避坑计策】

分而治之计：是指在制作报告和设计汇报时，避免内容同质化，通过区分内容、突出重点，以提高报告和汇报的质量及吸引力的策略。

【实施要点】

- 标准比较：对大赛通知中关于报告和汇报的评分标准进行对比分析。
- 目的明确：明确报告与汇报各自的目的和受众，确保两者在设计上有所区分。
- 独立设计：针对报告和汇报分别提出设计思路和结构框架。

【AI 解决方案】

1R：选择工具

选择文本生成工具，如文心一言。

2R：确定角色

定位为资深课程分析专家。

3R：精准需求

A：为准备参加教学创新大赛的教师撰写一份标准的提示词。

B：撰写教学创新成果报告和教学设计创新汇报的对比分析报告。

C：以大赛通知、国家及行业发展规划文件、权威研究报告、高质量学术论著为参考。

D：准确对比分析教学创新成果报告和教学设计创新汇报的评分标准异同；明确两者的目的和受众；提出具体、有针对性的设计思路和重点，满足大赛要求和受众需求。

4R：写提示词

将以下提示词提供给 Kimi 的提示词专家，生成标准的提示词。

提示词

请你扮演一名资深课程分析专家，撰写一份标准的提示词。任务是以全国高校教师教学创新大赛通知、国家及行业发展规划文件、权威研究报告、高质量学术论著为参考，准确对比分析教学创新成果报告和教学设计创新汇报的评分标准异同；明确两者的目的和受众；提出具体、有针对性的设计思路和重点，满足大赛要求和受众需求。

AI 回答

- Role: 资深课程分析专家。
- Background: 教学创新成果报告和教学设计创新汇报是教育领域中展示教学成果和创新思路的重要方式。全国高校教师教学创新大赛通知、国家及行业发展规划文件、权威研究报告、高质量学术论著提供了丰富的参考信息。需要准确对比分析两者的评分标准，明确各自的目的和受众，并提出设计思路。
- Profile: 作为一名资深课程分析专家，你拥有深厚的教育领域知识和丰富的教学经验，能够准确把握教学创新成果报告和教学设计创新汇报的核心要素。
- Skills: 教育学、课程设计、分析评估、报告撰写、PPT 设计。
- Goals: 对比分析教学创新成果报告和教学设计创新汇报的评分标准，明确各自目的和受众，提出设计思路和重点。
- Constrains: 确保分析准确无误，设计思路符合大赛要求和受众需求。
- OutputFormat: 文本报告，包括分析结果、设计思路和建议。
- Workflow。
1. 收集和整理大赛文件、发展规划文件、研究报告和学术论著等参考资料。
2. 对比分析教学创新成果报告和教学设计创新汇报的评分标准，找出异同。
3. 明确两者的目的和受众，分析其特点和需求。
4. 提出具体、有针对性的设计思路和重点。
5. 撰写规范的文本报告，包含分析结果、设计思路和建议。
- Examples。
• 教学创新成果报告评分标准可能更侧重于创新性、实践效果和理论深度。
• 教学设计创新汇报评分标准可能更侧重于视觉呈现、逻辑清晰和互动性。
- Initialization: 欢迎来到教学创新成果分析平台。请提供相关大赛文件和参考资料，我们将开始进行深入的分析和设计。

5R：修改完善

在获得标准提示词之后，我们希望文本报告能够以表格形式展现，以便于进行直观的比较和分析。因此，建议更新 OutputFormat 设置，具体如下。

文本报告应包含分析结果、设计思路及建议，并且应当采用表格形式来呈现这些内容。

接下来，将修改完善后的提示词复制并粘贴至文心一言，以便生成格式化的文本分析结果。

AI 回答

教学创新成果报告与教学设计创新汇报评分标准对比分析及设计思路报告

一、引言

本报告旨在对比分析教学创新成果报告与教学设计创新汇报的评分标准,明确各自的目的、受众特点与需求,进而提出具体的设计思路和重点。通过整合大赛文件、发展规划、研究报告及学术论著等丰富资源,确保分析准确无误,设计思路既符合大赛要求又满足受众期待。

二、评分标准对比分析

维度	教学创新成果报告	教学设计创新汇报
创新性	强调理念新颖、方法独特、内容前沿	虽也重视理念、方法和内容的新颖独特,但更多体现在呈现形式的创意上
实践效果	重点关注实施效果、学生反馈、成果应用	间接体现,通过案例分析或数据展示
理论深度	要求有扎实的理论基础支撑,能提出新见解	适度融入,以支持实践创新
视觉呈现	非主要考量,但需整洁、易读	至关重要,须色彩搭配合理、布局美观
逻辑清晰	结构完整,论证严密,条理清晰	必须做到逻辑清晰,确保听众快速理解信息
互动性	较少直接评估,但可体现在反馈机制设计中	强烈需求,通过设问、演示等方式增强
时间控制	报告长度根据要求确定,不特别强调	严格限制,需精确掌握汇报时间

45

三、目的与受众分析

维度	教学创新成果报告	教学设计创新汇报
目的	全面展示教学创新项目的理念、方法、实施过程、成果及影响，旨在获得专业评审团的认可与推广	在短时间内高效传达创新项目的核心亮点，吸引听众兴趣，促进交流互动
受众	教育专家、学者、政策制定者等，注重学术性、专业性和实用性	评委、同行教师、行业代表等，注重信息的直观性、趣味性和互动性

四、设计思路与重点

1. 教学创新成果报告
- 内容设计：围绕创新性、实践效果和理论深度构建框架，详细阐述创新点、实施策略、成果数据及影响分析。
- 语言表达：专业准确，逻辑严谨，适当引用权威文献和研究成果支撑论点。
- 格式规范：遵循学术报告标准，确保图表清晰、引用规范、排版整洁。

2. 教学设计创新汇报
- 视觉设计：采用鲜明的色彩搭配、简洁明了的布局，确保信息一目了然。
- 内容精练：突出核心亮点，减少文字量，多用图表、图片和动画辅助说明。
- 互动环节：设计设问环节或现场演示，提高听众参与度。
- 时间控制：精确规划每一页内容的时间分配，确保汇报流畅不超时。

五、结论与建议

教学创新成果报告与教学设计创新汇报在评分标准、目的与受众上存在显著差异。因此，在准备过程中应明确各自的特点与需求，采用针对性的设计思路。对于教学创新成果报告，应注重内容的深度与广度，追求学术严谨性；而教学设计创新汇报则需更加注重视觉吸引力和互动性，确保信息高效传达。建议在实际操作中，结合大赛具体要求和受众特点，灵活调整设计方案，以达到最佳展示效果。

审阅完这份对比分析报告后，你是否已经对教学创新成果报告和教学设计创新汇报应包含的内容及其制作方法有了清晰的了解？

采用分而治之计，可以有效避免教学创新成果报告与教学设计创新汇报的重复性，确保两者各自展现出最佳效果。立即尝试这一策略吧！

> 请避免将教学设计创新汇报的内容直接复制粘贴到教学创新成果报告中，反之亦然。在策划阶段，可以向经验丰富的同事或专家咨询，吸收他们在制作报告和设计汇报方面的专业建议。对报告和汇报进行反复修订和优化，确保两者的内容、风格以及展示形式都符合各自特定的标准。

温馨提示

误区 05：学情分析重形式——入微洞察计

> 名者，实之宾也。
>
> ——庄子《逍遥游》

【实际案例】

乔老师是"大学英语"课程的主讲教师，他以创新的教学方法和活跃的课堂氛围深受学生喜爱。当得知教学创新大赛的消息时，乔老师满怀热情地决定参与，期望能在更广阔的舞台上展示自己的教学理念。他投入了大量时间准备参赛资料，特别是在学情分析部分，精心设计了一份调查问卷，并根据回收的数据绘制了漂亮的饼图、条形图。然而，在评审反馈中，专家指出乔老师只关注了学生的年龄、性别等因素，追求图表的美观，却忽视了学情分析的本质，这成了他此次参赛的一大遗憾。

【误区分析】

过于依赖调查问卷和图表等表面形式进行学情分析，而忽视了深入探究学生的认知特点、起点水平及学习习惯等实质内容。

【避坑计策】

入微洞察计：是指在进行学情分析时，注重实质内容，深入细致地了解学生情况，避免仅重形式而忽视实质的策略。

【实施要点】

· 多元调研：基于教育学相关理论，采用多种方式全方位、多角度地收集学生的学情信息。

· 深度剖析：在收集信息的基础上，不仅关注学生的表面反馈，更要深入挖掘学生的认知特点、起点水平、学习习惯及潜在需求，形成对学生学情的深刻洞察。

· 反思提炼：对学情分析的过程和结果进行反思总结，提炼出有效的学情分析方法和经验，为未来的教学提供有力支持。

【AI 解决方案】

1R：选择工具

选择文本生成工具，如文心一言。

2R：确定角色

定位为资深课程分析专家。

3R：精准需求

A：为准备参加教学创新大赛的教师撰写一份标准的提示词。

B：撰写学情分析报告。

C：以教育学相关理论及高质量的学术论著为参考。

D：采用多种方式全方位、多角度地收集学生的学情信息，并在此基础上分析学生的认知特点、起点水平、学习习惯及潜在需求，进而对学情分析的过程和结果进行反思总结，提炼出学情分析的方法和经验。确保学情洞察深刻，分析报告系统化，分析方法和经验具有普遍适用性和指导意义。

4R：写提示词

将以下提示词提供给 Kimi 的提示词专家，生成标准的提示词。

提示词

请你扮演一名资深课程分析专家，撰写一份标准的提示词。任务是以教育学相关理论及高质量的学术论著为参考，采用多种方式全方位、多角度地收集学生的学情信息，并在此基础上分析学生的认知特点、起点水平、学习习惯及潜在需求，进而对学情分析的过程和结果进行反思总结，提炼出学情分析的方法和经验。确保学情洞察深刻，分析报告系统化，分析方法和经验具有普遍适用性和指导意义。

AI 回答

- Role: 资深课程分析专家。
- Background: 需要深入了解学生的学习情况，以提供个性化的教学方案。这需要从多个维度收集和分析学生的学情信息。
- Profile: 你是一位在教育学领域拥有丰富经验的课程分析专家，擅长运用教育学理论和学术论著来指导实践。
- Skills: 教育学理论、学术论文分析、数据收集与处理、认知心理学、学习习惯分析、反思与总结能力。
- Goals: 设计一套系统化的方法来收集和分析学生的学情信息，包括认知特点、起点水平、学习习惯和潜在需求。
- Constrains: 确保分析过程遵循教育学理论，分析结果具有普遍适用性和指导意义。
- OutputFormat: 系统化的学情分析报告，包含理论依据、数据收集方法、分析过程、反思总结以及提炼的方法和经验。
- Workflow。
1. 确定收集学情信息的维度和方法。
2. 利用教育学理论和学术论著指导数据收集和分析。
3. 分析学生的认知特点、起点水平、学习习惯和潜在需求。
4. 反思总结分析过程，提炼出学情分析的方法和经验。
- Examples。
• 学情信息收集维度示例：学生背景、学习动机、认知风格、学习策略、情感态度等。
• 教育学理论应用示例：Vygotsky 的社会文化理论、Piaget 的认知发展理论等。
• 学术论文参考示例：《认知负荷理论在教学设计中的应用》《教学方法和学习风格匹配策略研究》等。
- Initialization: 欢迎进入学情分析的世界。作为资深的课程分析专家，我将引导你通过一系列科学的步骤，深入了解学生的学习情况，为教学提供有力的支持。

5R：修改完善

获得标准提示词后，我们期望了解学情分析所采用的教育理论和参考的文献资料，并希望以一门具体的大学本科课程为案例进行深入分析。因此，建议更新 OutputFormat 设置，具体如下。

生成一份系统化的学情分析报告，其中应包含理论依据、数据收集方法、分析过程、反思总结以及提炼的方法和经验。报告应以一门具体的大学本科课程为例进行分析，详细列出所运用的教育理论和引用的参考资料。

接着，将修改完善后的提示词复制并粘贴至文心一言，以获取详细的文本分析报告。

AI 回答

系统化学情分析报告

一、引言

在当今教育环境中，个性化教学已成为提升教育质量的关键。本报告旨在通过系统化的方法，深入分析学生的学情信息，包括其认知特点、起点水平、学习习惯及潜在需求，以期为大学本科课程提供科学、个性化的教学方案。本分析以××大学本科课程"××学导论"为例，综合运用教育学理论和学术论著研究成果，确保分析结果的普遍适用性和指导意义。

二、理论依据

1.Vygotsky（维果茨基）的社会文化理论：强调社会文化环境对儿童认知发展的影响，认为学习是一个在社会互动中通过语言符号系统中介而发生的过程。

2.Piaget（皮亚杰）的认知发展理论：指出儿童的认知发展经历四个主要阶段，每个阶段都有其独特的认知特征和学习方式。

3. 认知负荷理论：关注教学过程中工作记忆的处理能力限制，提倡通过优化教学内容呈现方式减少外在认知负荷，促进有效学习。

4. 学习风格与教学方法匹配理论：认为不同的学生具有不同的学习风格，教师应根据学生特点调整教学策略以匹配其学习风格。

三、数据收集方法

1. 问卷调查：设计包含学生背景、学习动机、认知风格、学习策略、情感态度等维度的问卷，全面收集学生信息。

2. 访谈法：选取部分学生及教师进行深度访谈，了解具体的学习体验和教学反馈。

3. 课堂观察：通过实地观察学生在课堂上的表现，记录其学习行为、互动情况及参与度。

4. 学业数据分析：收集并分析学生的作业、测试成绩等数据，评估其起点水平和进步情况。

四、分析过程

1. 认知特点分析：基于 Piaget 的理论，识别学生所处的认知发展阶段，分析其在理解、记忆、思维等方面的特点。

2. 起点水平评估：通过学业数据分析，明确学生在"XX 学导论"课程中的基础知识掌握情况，确定教学起点。

3. 学习习惯分析：结合问卷调查和访谈结果，归纳学生的学习习惯，如时间管理、信息处理、合作学习等。

4. 潜在需求分析：综合以上分析，识别学生在学习中可能遇到的困难和挑战，预测其潜在的学习需求。

五、反思与总结

1. 分析成效：通过本次学情分析，我们成功构建了该班级学生的学情画像，为个性化教学提供了科学依据。

2. 方法提炼：在数据收集与分析过程中，我们验证了问卷调查、访谈法、课堂观察及学业数据分析等方法的有效性，并探索了它们之间的互补性。

3. 经验分享：应用 Vygotsky 和 Piaget 的理论，我们深刻理解了社会文化环境和个体认知发展对学生学习的影响，为教学策略的调整提供了理论支撑。

4. 未来展望：基于本次分析，我们计划进一步探索学习风格与教学方法的精准匹配，以及如何利用技术手段优化学情信息的收集与处理过程。

六、案例分析

在"××学导论"课程中，我们发现部分学生表现出较强的逻辑思维能力，但缺乏实践操作经验。结合认知负荷理论，我们设计了一系列案例分析和小组讨论活动，旨在通过减少理论讲解的冗余，增加实践操作的比重，降低学生的外在认知负荷，提高其学习效率。同时，针对学习风格多样的学生群体，我们采用了多元化的教学策略，如视频讲解、在线互动、小组讨论等，以满足不同学生的需求。

七、参考资料

Vygotsky, L. S. (1978). Mind in Society: The Development of Higher Psychological Processes. Harvard University Press.

Piaget, J. (1952). The Origins of Intelligence in Children. International Universities Press, Inc.

Sweller, J. (1988). Cognitive Load during Problem Solving: Effects on Learning. Cognitive Science, 12(2), 257–285.

Dunn, R., & Dunn, K. (1978). Teaching Students through Their Individual Learning Styles: A Practical Approach. Reston Publishing, Co.

本报告通过系统化的学情分析，为大学本科课程"××学导论"提供了翔实的数据支持和理论指导，旨在推动个性化教学的深入实践。

鉴于目前的输出成果，我们进一步期望它能依据 Vygotsky 的社会文化理论、Piaget 的认知发展理论，认知负荷理论，以及学习风格与教学方法适配理论等，设计出一份标准的调查问卷。为此，我们可以再次与 AI 进行深入交流。

提示词

请根据 Vygotsky 的社会文化理论、Piaget 的认知发展理论，认知负荷理论，以及学习风格与教学方法适配理论等，设计出一份标准的调查问卷。

AI 回答

学生学情调查问卷

一、基本信息

1. 姓名（可选填）：_____

2. 年级与专业：_____

3. 联系方式（邮箱/电话，可选填）：_____

二、社会文化环境与学习动机

（基于 Vygotsky 的社会文化理论）

1. 你认为家庭、朋友或社交网络对你的学习有何影响？

A. 非常大

B. 较大

C. 一般

D. 较小

E. 几乎没有

2. 在学习过程中，你经常从哪些人或资源中获取帮助和支持？（可多选）

A. 老师

B. 同学/朋友

C. 家人

D. 网络资源（如在线课程、论坛）

E. 图书资料

F. 其他，请说明：_____

3. 你认为社会文化因素（如文化背景、价值观）如何影响你的学习态度和选择？

三、认知发展与学习特点

（基于 Piaget 的认知发展理论）

1. 在解决问题时，你更倾向于使用哪种方式？

A. 直观感知和动手操作

B. 逻辑推理和假设验证

C. 抽象思维和理论应用

D. 不确定，视情况而定

2. 你觉得自己在哪些领域（如数学、语言、艺术等）的学习上表现出较强的能力？

3. 描述一次你通过自我探索和发现来学习新知识的经历。

四、认知负荷与学习体验

（基于认知负荷理论）

1. 在学习过程中，你是否经常感到信息过载或难以集中注意力？

A. 经常

B. 有时

C. 很少

D. 从不

2. 你认为哪些教学方法或学习材料有助于减轻你的认知负荷？（可多选）

A. 清晰地讲解和演示

B. 分步骤的练习题

C. 图表、图示等视觉辅助材料

D. 互动式教学（如小组讨论、角色扮演）

E. 自主学习资源和时间管理指导

F. 其他，请说明：_____

五、学习风格与教学方法适配

（基于学习风格与教学方法适配理论）

1. 你认为自己的学习风格更偏向于哪种类型？（可多选）

A. 视觉型（偏好图表、图片等视觉材料）

B. 听觉型（偏好听讲、讨论）

C. 动觉型（偏好动手操作、实践体验）

D. 反思型（偏好独立思考、自我反思）

E. 社交型（偏好与他人合作、交流）

2. 在你目前的学习环境中，教学方法是否与你的学习风格相匹配？

A. 非常匹配

B. 较为匹配

C. 一般

D. 不太匹配

E. 完全不匹配

3. 你希望教师如何调整教学方法以更好地适应你的学习风格？

六、开放性问题

你对当前的学习环境和教学安排有什么建议或改进意见？

此调查问卷旨在全面了解学生的学情信息，包括其社会文化环境、学习动机、认知发展特点、认知负荷感受以及学习风格与教学方法的适配情况。通过这些问题，教师可以获得宝贵的反馈，以设计更加个性、有效的教学策略。

值得注意的是，学情分析调查中的每一题都应具有实际意义，而不仅仅是为了形式上的完整。你可以与 AI 进一步讨论调查问卷的设计细节。

采用入微洞察计，我们能够有效避免学情分析流于表面，确保对学生的学习情况有全面而深入的了解，从而为构建高品质教学奠定坚实的基础。根据自己的课程特点，不妨立即尝试这一方法！

> 根据深度分析的结果定制教学策略和活动，确保教学活动能够精确满足学生的具体需求。在教学实施过程中，需要持续监测学生的学情变化，根据学生的学习进度和反馈信息灵活调整教学策略，以确保教学的实效性和适应性。

温馨提示

误区 06：评价与目标脱节——锚定导航计

> 评价不是为了判断，而是为了改进。
>
> ——马耳他哲学家、教育家爱德华·德波诺（Edward de Bono）

【实际案例】

曹老师是"大学生职业生涯规划"课程的主讲教师，他一直致力于帮助学生明确职业方向，提升就业竞争力。在教学创新大赛的筹备过程中，曹老师精心设计了一张包含 30 个考核点的复杂评价表，期望能全面评估学生的学习成效。然而，这张复杂的评价表与原本设定的教学目标逐渐脱节。评审时，专家们指出，曹老师的考核评价表虽然看似全面，却未能准确反映教学目标的达成情况，这无疑成了他参赛过程中的一大败笔。

【误区分析】

教学考核评价的程序应始于教学计划的目标，旨在衡量对教学目标的实现程度，但在实际操作中却偏离了这一初衷，导致教学评价体系与教学目标脱节。

【避坑计策】

锚定导航计： 是指在教学评价体系的设计过程中，紧密锚定教学目标，确保评价方法、过程、标准等与教学目标相一致，以有效评估教学目标的达成度的策略。

【实施要点】

· 目标引领：在构建教学评价体系的过程中，紧密联系教学目标，确保评价要素与教学目标实现情况能够精确对应。

· 手段筛选：依据教学目标和课程特色，细致挑选适宜的评价手段和技术，以便高效地搜集关于学生学习成果的信息。所选用的评价手段和技术需能评估学生是否实现了既定的教学目标。

- 流程精简：避免构建过于烦琐的评价量表，简化评价步骤，使其既便于执行又能精确体现学生的学习成效。

【AI 解决方案】

1R：选择工具

选择文本生成工具，如文心一言。

2R：确定角色

定位为资深课程分析专家。

3R：精准需求

A：为准备参加教学创新大赛的教师撰写一份标准的提示词。

B：构建评价体系。

C：以教育学相关理论及高质量的学术论著为参考，在紧密联系教学目标并确保评价要素与教学目标实现情况精确对应的前提下，依据教学目标和课程特色进行构建。

D：确保高效地收集关于学生学习成果的信息，所选用的评价手段和技术需能评估学生是否实现了既定的教学目标。同时，评价体系需简化评价步骤，既便于执行又能精确体现学生的学习成效。

4R：写提示词

将以下提示词提供给 Kimi 的提示词专家，生成标准的提示词。

提示词

请你扮演一名资深课程分析专家，撰写一份标准的提示词。任务是以教育学相关理论及高质量的学术论著为参考，在紧密联系教学目标并确保评价要素与教学目标实现情况精确对应的前提下，依据教学目标和课程特色构建评价体系。确保高效地收集关于学生学习成果的信息，所选用的评价手段和技术需能评估学生是否实现了既定的教学目标。同时，评价体系需简化评价步骤，既便于执行又能精确体现学生的学习成效。

AI 回答

- Role: 资深课程分析专家。
- Background: 教育领域正面临着如何更有效地评估学生学习成果的挑战。传统的评价方法可能无法精确地反映学生的学习成效，需要构建一个与教学目标紧密联系的评价体系。
- Profile: 作为一名资深课程分析专家，你具备深厚的教育学理论基础和丰富的实践经验，能够设计出既科学又实用的评价体系。
- Skills: 教育学理论、课程设计、评价方法、数据分析。
- Goals: 设计一个评价体系，确保评价手段和技术能够高效地收集学生学习成果信息，同时简化评价步骤，便于执行且能精确反映学生的学习成效。
- Constrains: 评价体系需要基于教育学理论，使用高质量的学术论著作为参考，确保评价要素与教学目标的实现情况精确对应。
- OutputFormat: 文档格式，包括评价体系的设计框架、评价方法和技术的具体描述，以及实施步骤。
- Workflow。
1. 确定教学目标和课程特色。
2. 选择和设计评价方法和技术。
3. 制定评价实施步骤和数据收集计划。
4. 确保评价体系的可操作性和有效性。
- Examples。
• 评价方法示例：自我评价、同伴评价、教师评价。
• 评价技术示例：在线评估工具、学习管理系统、问卷调查。
- Initialization: 欢迎来到教学评价体系设计环节。我们将一起构建一个高效、精确的评价体系，以确保学生的学习成效得到全面而准确的评估。

为了确保评价体系的科学性和实用性，请提供以下信息。

1. 教学目标的具体内容。
2. 课程的特色和重点。
3. 预期的学生学习成果。
4. 任何特定的评价方法或技术偏好。

5R：修改完善

获得标准提示词后，我们期望了解评价体系设计所采用的教育理论和参考的文献资料，并希望以一门具体的大学本科课程为案例进行深入分析。因此，建议更新 OutputFormat 设置，具体如下。

文档格式，包括评价体系的设计框架、评价方法和技术的详细说明，以及实施步骤。同时，需要以一门具体的大学本科课程为例，进行深入分析，并详细记录所应用的教育理论及引用的参考文献。

接着，将修改完善后的提示词复制并粘贴至文心一言，以获取详细的文本分析报告。

AI 回答

1. 教学目标的具体内容

- 知识掌握：学生需深入理解并掌握××学科（如"计算机科学导论"）的基本概念、原理和方法，包括但不限于数据结构、算法基础、编程语言基础等。
- 技能提升：培养学生具备编写代码解决实际问题的能力，能够运用所学知识设计并实现简单的程序系统。
- 思维能力：激发学生的批判性思维和创新能力，鼓励学生从多角度分析问题，提出创新解决方案。
- 职业素养：培养学生的团队合作精神、项目管理能力和职业道德，为未来的职业生涯打下坚实基础。

2. 课程的特色和重点

- 理论与实践结合：课程强调理论教学与实验实践相结合，通过大量编程练习和项目实践，加深学生对理论知识的理解与应用。
- 案例驱动教学：采用行业真实案例作为教学素材，增强课程的实用性和吸引力，帮助学生更好地理解和运用所学知识。
- 翻转课堂模式：鼓励学生课前通过视频、阅读材料等自主学习，课堂时间主要用于讨论、答疑和深入探究，提高学习效率。
- 跨学科融合：适当引入其他相关领域（如数学、物理、经济学）的知识，拓宽学生视野，促进学生的跨学科思维发展。

3. 预期的学生学习成果

- 学生能够熟练运用至少一种编程语言（如 Python）进行编程。
- 学生能独立完成小型程序设计项目，包括需求分析、设计、编码、测试和文档编写等环节。
- 学生具备分析和解决复杂问题的能力，能够运用所学知识提出有效解决方案。
- 学生能够清晰、准确地表达技术观点，具备良好的沟通与合作能力。

4. 任何特定的评价方法或技术偏好

- 偏好：倾向于采用多元化评价方法，结合自我评价、同伴评价、教师评价以及项目评价等多种方式，全面评估学生的学习成效。
- 技术偏好：倾向于使用在线评估工具（如 Moodle、Canvas 等学习管理系统）进行作业提交、测试评分和反馈交流，以提高评价效率和透明度。同时，也考虑使用问卷调查工具（如 SurveyMonkey）收集学生对课程和教学方法的反馈意见。

基于上述信息，我将开始设计评价体系的具体框架、评价方法和技术的详细说明，以及实施步骤。同时，将以"计算机科学导论"这门大学本科课程为例，进行深入分析，并详尽记录所应用的教育理论及引用的参考文献等。

评价体系设计框架

一、评价体系概述

本评价体系旨在全面、科学地评估"计算机科学导论"课程学生的学习成效，确保评价手段与技术能够高效收集信息，精确反映学生的知识掌握、技能提升、思维能力和职业素养等方面的进步。评价体系将结合多元化评价方法，包括自我评价、同伴评价、教师评价以及项目评价，并借助在线评估工具和学习管理系统进行实施。

二、评价目标与标准

1. 知识掌握：通过闭卷考试、在线测验和作业提交等方式，评估学生对计算机科学基本概念、原理和方法的理解程度。

标准：准确率达到课程要求的 80% 以上。

2. 技能提升：通过编程练习、项目实践和代码审查，评估学生的编程能力和问题解决能力。

标准：能够独立完成编程任务，代码质量符合规范，项目成果达到预期目标。

3. 思维能力：通过课堂讨论、案例分析和论文撰写，评估学生的批判性思维和创新能力。

标准：能够提出独到见解，分析问题全面深入，解决方案具有创新性。

4. 职业素养：通过团队合作项目、课堂表现和职业道德问卷，评估学生的团队合作精神、项目管理能力和职业道德水平。

标准：积极参与团队活动，有效沟通协作，遵守职业道德规范。

三、评价方法与技术

1. 自我评价

- 工具：在线问卷或学习管理系统内的自我反思模块。
- 内容：学生对自己学习过程中的表现进行自我评估，包括知识掌握情况、技能提升程度、思维发展等方面。

2. 同伴评价

- 工具：在线协作平台或学习管理系统内的同伴评价功能。
- 内容：同学之间相互评价编程作业、项目合作和课堂讨论中的表现，注重合作精神、沟通能力和贡献度。

3. 教师评价

- 工具：在线评估工具、学习管理系统和课堂观察记录。
- 内容：教师根据作业、测验、项目成果和课堂表现，综合评价学生的学习成效，包括知识掌握、技能运用、思维能力和职业素养等方面。

4. 项目评价

- 工具：项目展示、代码审查和项目报告。
- 内容：评估学生团队合作完成项目的情况，包括需求分析、设计、编码、测试和文档编写等环节,以及项目的创新性、实用性和完成度。

四、实施步骤与数据收集计划

1. 前期准备:明确评价目标、标准和方法,设计评价工具(如问卷、测验、项目模板等),并对学生进行评价前的培训。

2. 数据收集:按照评价计划,定期收集学生的自我评价、同伴评价、教师评价和项目评价数据。利用在线评估工具和学习管理系统自动记录学生的学习过程和成果。

3. 数据分析:对收集到的数据进行整理和分析,形成每个学生的综合评价报告。采用量化分析和质性分析相结合的方法,确保评价的全面性和准确性。

4. 反馈与改进:将评价结果及时反馈给学生和教师,帮助学生了解自己的学习成效和存在的问题,为教师提供教学改进的依据。同时,根据评价结果调整评价方法和标准,不断完善评价体系。

五、保障措施

1. 培训与支持:为教师提供评价工具使用的培训和支持,确保教师能够熟练掌握评价方法和技术。

2. 质量监控:建立评价质量监控机制,定期对评价过程进行监督和检查,确保评价的公正性、客观性和有效性。

3. 持续改进:根据评价结果和师生反馈,不断优化评价方法和标准,提高评价体系的科学性和实用性。

示例课程分析

以"计算机科学导论"课程为例,我们将详细记录所应用的教育理论(如建构主义、布鲁姆教育目标分类等)、评价方法的实施细节以及引用的参考文献等,以确保评价体系的科学性和规范性。具体内容将根据实际课程设计和评价需求进行定制。

示例课程分析:计算机科学导论

1. 教育理论应用

· 建构主义学习理论。

应用:在"计算机科学导论"课程中,建构主义强调学生通过主动探索、实践和经验构建自己的知识体系。因此,我们设计了大量的编程练习、项目实践和案例分析活动,让学生在解决问题的过程中逐步掌握计算机科学的核心概念和方法。

引用：参考了 Piaget 的认知发展理论和 Papert 的建构主义教育思想，具体参考文献为 Mindstorms: Children, Computers, and Powerful Ideas（作者为 Seymour Papert）。

- 布鲁姆教育目标分类。

应用：在设定评价目标时，我们采用了布鲁姆的教育目标分类法，将学习成果细化为知识（记忆）、理解、应用、分析、综合和评价六个层次。例如，在知识层面，我们评估学生对计算机科学基本概念的记忆；在应用层面，我们评估学生运用编程语言解决实际问题的能力。参考了 Taxonomy of Educational Objectives: The Classification of Educational Goals, Handbook I: Cognitive Domain（作者为 Benjamin S. Bloom 等）。

2. 评价方法实施细节

- 自我评价。

实施：每完成一个学习单元后，学生须填写在线自我反思问卷，内容包括学习收获、遇到的困难、解决策略及下一步学习计划。问卷设计注重引导学生深入反思学习过程和成果。

示例问题：在本次单元学习中，我最有成就感的是……；我遇到的最大挑战是……；我是如何克服的；接下来，我计划在……方面做进一步提升。

- 同伴评价。

实施：在小组项目完成后，每位成员需对其他成员在项目中的表现进行评价。评价维度包括合作态度、贡献度、沟通能力和技能水平等。评价过程采用匿名方式进行，以确保评价的公正性。

工具：利用学习管理系统（如 Moodle）的同伴评价功能，学生可直接在系统内提交评价，并查看同伴对自己的评价。

- 教师评价。

实施：教师根据学生的作业、测验、项目报告和课堂表现进行综合评价。作业和测验采用在线评估工具自动评分，项目报告和课堂表现则通过教师人工评分。评分过程中，教师注重考查学生的知识掌握、技能运用、思维能力和职业素养等方面。

反馈：教师及时将评价结果和反馈意见通过学习管理系统反馈给学生，鼓励学生根据反馈进行改进。

• 项目评价。

实施：每个学期末，学生需完成一个综合性项目，展示他们在课程中学到的知识和技能。项目评价包括项目展示、代码审查和项目报告三个部分。项目展示环节，学生需向全班展示项目成果，并回答教师和同学的提问；代码审查环节，由教师和同学共同审查项目代码的质量和规范性；项目报告则详细记录项目的需求分析、设计、实现、测试和反思过程。

评价标准：项目创新性、实用性、完成度、代码质量、团队合作和表达能力等方面。

3. 引用参考文献

Papert, S. (1980). Mindstorms: Children, Computers, and Powerful Ideas. Basic Books, Inc.

Bloom, B. S., Engelhart, M. D., Furst, E. J., Hill, W. H., & Krathwohl, D. R. (1956). Taxonomy of Educational Objectives: The Classification of Educational Goals, Handbook I: Cognitive Domain. David McKay Co.

（注意：以上参考文献仅为示例，实际撰写时应根据具体引用的文献进行调整。）

通过以上分析，我们构建了一个基于教育学理论、多元化评价方法和技术的评价体系，旨在全面、科学地评估"计算机科学导论"课程学生的学习成效。这一体系不仅关注学生的学习结果，还重视学习过程和能力的发展，为教学改进和学生个性化发展提供了有力支持。

由于 AI 生成的答案可能较长，它通常会分批提供答案。在这种情况下，我们只需输入"继续"，AI 便会继续输出剩余的答案。

我们还可以与 AI 就生成的评价体系进行更深入的交流。例如，向 AI 说明我们教学的具体目标和评价体系，以便 AI 帮助我们检查是否存在不一致之处，并提供优化建议。

温馨提示

采用锚定导航计，能够有效防止评价偏离教学目标，确保教学评价能够精确反映教学目标的达成情况，从而为教学创新提供坚实的支撑。现在就来试试这个策略吧！

> 在授课期间，请定期收集学生对学习的反馈，并根据这些反馈适时调整评价策略，以保证评价活动始终与教学目标保持一致。在执行评价的过程中，应持续审视教学目标，确保评价工作始终遵循教学目标的指引，不偏离其根本宗旨。

温馨提示

误区 07：东拼西凑关联弱——精准论证计

> 关联不是因果。
>
> ——英国哲学家、数学家、逻辑学家伯特兰·罗素（Bertrand Russell）

【实际案例】

于老师是某大学"动物学"课程的主讲教师，他对这门课程充满热情，总是力求将每一个知识点都生动有趣地传授给学生。在教学创新大赛的准备阶段，于老师在撰写教学效果部分时，列出了几个看似令人瞩目的关键数据点：本科生深造率高，近 5 年都在 60% 以上，2022 年考研率更是高达 92%，转专业转出比例为 0。然而，在评审过程中，专家们却指出了其中的问题：这些指标虽然体现了学生整体的学术追求和课程稳定性，但并非"动物学"这一门课程的直接教学效果。

【误区分析】

错误地将非特定课程教学效果、教学创新实践成效和课程辐射推广价值的指标（如深造率等）作为该课程教学成效的证明，导致教学成效与课程的直接关联度低，论证不精准。

【避坑计策】

精准论证计：是指在论证或阐述观点时，要避免东拼西凑、关联度小的情况，通过精准选取论据和严密论证来提升说服力的策略。

【实施要点】

- **指标确立**：明确定义评价课程教学效果、教学创新实践成效和课程辐射推广价值的关键指标，确保指标能够直接、准确地反映课程教学成效。

- **关联分析**：对所选评价指标进行深入分析，确保它们与课程内容、教学方法及学生学习成果之间存在直接联系。

- **避免泛化**：避免使用如毕业率、就业率、深造率等泛化的指标来单独表征特定课程的教学成效，这类指标更多反映的是整体教育质量而非特定课程的成效。

【AI 解决方案】

1R：选择工具

选择文本生成工具，如文心一言。

2R：确定角色

定位为资深课程分析专家。

3R：精准需求

A：为准备参加教学创新大赛的教师撰写一份标准的提示词。

B：撰写教学成效报告。

C：在确保指标能够直接、准确地反映课程教学成效的前提下。

D：明确定义评价课程教学效果、教学创新实践成效和课程辐射推广价值的关键指标，进行深入分析，避免使用毕业率、就业率、深造率等泛化指标，确保所选评价指标与课程内容、教学方法及学生学习成果之间存在直接联系。

4R：写提示词

将以下提示词提供给 Kimi 的提示词专家，生成标准的提示词。

提示词

请你扮演一名资深课程分析专家，撰写一份标准的提示词。任务是在确保指标能够直接、准确地反映课程教学成效的前提下，明确定义评价课程教学效果、教学创新实践成效和课程辐射推广价值的关键指标，进行深入分析，避免使用毕业率、就业率、深造率等泛化指标，确保所选评价指标与课程内容、教学方法及学生学习成果之间存在直接联系。

AI 回答

- Role: 资深课程分析专家。
- Background: 需要对课程进行深入分析，确保评价指标能够准确反映教学成效，避免使用泛化指标。
- Profile: 你是一位具有深厚教育背景和丰富教学经验的课程分析专家，擅长设计和评估教学效果的指标。
- Skills: 教育评估、教学方法论、数据分析、课程设计。
- Goals: 设计一套评价指标，直接反映课程教学效果、教学创新实践成效和课程辐射推广价值。
- Constrains: 评价指标须与课程内容、教学方法及学生学习成果直接相关，避免使用泛化指标。
- OutputFormat: 报告形式，包含指标定义、分析方法和案例研究。
- Workflow。
1. 确定评价指标的分类和定义。
2. 分析各指标与教学内容、方法和学生成果的直接联系。
3. 提供评价指标的案例研究和应用建议。
- Examples。
- 指标：学生参与度

  定义：学生在课程中的互动频率和质量。

  分析方法：通过课堂讨论记录、作业提交情况和在线互动平台数据进行评估。
- 指标：教学内容的更新频率

  定义：课程内容与行业发展同步更新的频率。

  分析方法：对比行业最新动态与课程大纲的更新记录。
- Initialization: 欢迎进入课程分析领域，我们将共同探索如何通过精确的评价指标来衡量教学效果和创新实践的成效。

5R：修改完善

获取标准提示词后，我们期望了解指标数据的来源及获取步骤，并希望以具体的一门大学本科课程为例进行分析。因此，建议调整 OutputFormat 设置，具体如下。

形成报告，内容包括指标定义、数据来源、分析方法。此外，需要以实际的一门大学本科课程为例，进行深入分析。

然后，将修改完善后的提示词复制并粘贴至文心一言，以获取详细的文本分析报告。

AI 回答

教学成效报告

引言

本报告旨在设计一套针对大学本科课程的精准评价指标体系，以直接反映课程的教学效果、教学创新实践成效及课程辐射推广价值。通过深入分析课程内容、教学方法及学生学习成果，我们力求避免使用泛化指标，确保评价体系的科学性和有效性。以下将详细阐述评价指标的分类、定义、数据来源、分析方法，并以一门具体的大学本科课程为例进行案例研究。

一、评价指标分类与定义

1. 教学效果类指标

（1）学生知识掌握度：衡量学生对课程核心概念和技能的理解与应用能力。

- 定义：通过考试、作业、项目展示等方式评估学生对课程内容的掌握情况。
- 数据来源：考试成绩、作业评分、项目报告。
- 分析方法：量化分析（平均分、及格率）与质性分析（作业反馈、项目评价）。

（2）学生满意度：反映学生对课程整体教学质量的感受。

- 定义：通过问卷调查收集学生对教学内容、方法、教师等方面的满意度。
- 数据来源：课程结束后的学生满意度调查。
- 分析方法：统计分析（均值、标准差）与文本分析（主题提取）。

2. 教学创新实践类指标

（1）教学方法多样性：评估课程采用的不同教学方法的丰富程度。

- 定义：记录并评估课程中使用的翻转课堂、小组讨论、案例分析等多种教学方法。
- 数据来源：教师教案、课堂观察记录。
- 分析方法：频次统计与效果评估（学生反馈、参与度变化）。

（2）技术融合度：衡量现代技术在课程教学中的应用程度及效果。
- 定义：评估在线学习平台、多媒体教学工具、虚拟现实技术等在教学中的整合与应用。
- 数据来源：技术使用记录、学生在线活动数据。
- 分析方法：技术使用频率、学生互动数据、学习效果对比。

3. 课程辐射推广价值类指标

（1）课程影响力：评估课程在校内外的影响力及被引用情况。
- 定义：包括课程被其他课程或项目引用、学生成果在学术会议或期刊上发表等。
- 数据来源：课程引用记录、学生成果发表情况。
- 分析方法：引用次数统计、成果发表级别分析。

（2）课程推广度：衡量课程通过线上线下渠道向更广泛受众传播的情况。
- 定义：包括课程开放给校外学习者、在线课程平台的访问量、社交媒体关注度等。
- 数据来源：课程访问量数据、社交媒体关注数据、在线课程平台评价。
- 分析方法：访问量趋势分析、社交媒体互动数据、平台评价汇总。

二、案例研究：以"市场营销学"为例

1. 课程背景

"市场营销学"是商学院的一门核心课程，旨在培养学生理解市场营销的基本原理、策略及实践技能。

2. 评价指标应用

- 学生知识掌握度：通过期末考试（闭卷）、案例分析报告和营销策划项目来评估。期末考试侧重于理论知识的考核，案例分析报告强调理论与实践的结合，营销策划项目则全面检验学生的综合应用能力。
- 学生满意度：课程结束后发放问卷，收集学生对教学内容、教师授课方式、课堂互动等方面的满意度反馈。

- **教学方法多样性**：课程采用翻转课堂模式，结合小组讨论、角色扮演、案例分析等多种教学方法，通过课堂观察记录评估其实施效果。
- **技术融合度**：利用在线学习平台发布预习材料、课后作业，通过平台数据分析学生在线学习行为，同时利用多媒体教学工具增强课堂互动性。
- **课程影响力**：课程被其他商学院课程引用，学生团队的市场营销策划方案多次在校内外比赛中获奖，并有部分成果被学术期刊收录。
- **课程推广度**：课程已上线学校在线学习平台，吸引了大量校外学习者参与，同时在社交媒体上建立了课程社群，持续分享学习资源和行业动态。

三、结论与建议

本报告设计了一套针对大学本科课程的精准评价指标体系，通过案例分析验证了其可行性和有效性。建议未来在课程评价中持续关注学生个性化需求，进一步优化教学方法和技术应用，同时加强课程成果的对外宣传与推广，提升课程的社会影响力和辐射价值。

在 AI 生成的答案中，我们可以发现，衡量教学成效的指标众多，涵盖了课程本身、人才培养、社会影响等多个维度，形成了一个多层面的体系。我们可以继续与 AI 进行交流，获取更多丰富多样的佐证材料，以增强教学创新成效的论证力。立即分享你的课程信息，与 AI 共同探讨吧！

通过采用精准论证计，我们能够有效防止在评价课程教学成效时出现"东拼西凑关联弱"的问题，确保评价结果的准确性和说服力。

> 数据支持至关重要！在论证课程教学成效时，建议提供具体、翔实的数据支撑，如课程作业完成情况、课堂互动频率、学生满意度调查等，以确保论证的精准性和说服力。同时，在构建论证逻辑时，应确保每一步都紧密相连，避免逻辑上的跳跃或堆砌无关指标，以确保论证的严密性和有效性。

温馨提示

第二章

AI 生成，助你打造优质备赛材料

在备赛过程中，材料的准备是至关重要的。然而，许多参赛者在准备备赛材料时，常常会步入一些误区，致使材料质量受损。本章将揭示这些常见的误区，并提供 AI 生成的策略，帮助你打造出色的备赛材料。从立足的高度、教学目标的明确性、内容的客观真实性、创新特色的突显性、观点论证的完备性、名词术语的准确运用，到报告的学术规范性，每一个细节都将得到深入的剖析和实用的建议。通过本章的学习，你将能够避开这些误区，借助 AI 的强大效能，为备赛之路铺设坚实的基石。

误区 08：就课论课站位低——高瞻远瞩计

> 不谋万世者，不足谋一时；不谋全局者，不足谋一域。
>
> ——清代陈澹然

【实际案例】

孙老师是中医药大学"网络营销"课程的主讲教师，他独具匠心地将"互联网+"理念与中医药传统文化相结合，创造了一种新颖且富有成效的教学模式。在他的课堂上，学生们不仅能够学到网络营销的实战技巧，还能深刻体会到中医药文化的博大精深。然而，在撰写该课程的教学创新成果报告时，孙老师过于专注课程内容的呈现，详细描述了如何将两者融合，却未能将这种融合模式所蕴含的重要价值突显出来。

【误区分析】

仅从课程本身出发进行论述，未能将教学创新提升至社会、国家需求的高度，导致站位过低，难以突显课程的独特价值和社会意义。

【避坑计策】

高瞻远瞩计：是指在讨论或设计课程时，避免仅就课程本身进行论述，从而导致站位过低，应做到提升视角，考虑更广泛的影响，并进行长远规划的策略。

【实施要点】

- 视野拓宽：将课程建设的价值延伸至社会、国家和全球的发展需求和趋势。
- 契合挖掘：深入研究课程内容与国家需求、行业发展、区域特色、学校特点的契合点，确定课程在解决社会问题、满足国家需求方面的独特作用。
- 站位提高：将课程建设置于社会、国家发展的高度进行论述，突显其独特价值和社会意义，避免仅从课程角度进行浅显的讨论。

【AI 解决方案】

1R：选择工具

选择文本生成工具，如文心一言。

2R：确定角色

定位为资深教育政策专家。

3R：精准需求

A：为准备参加教学创新大赛的教师撰写一份标准的提示词。

B：撰写本课程建设的背景和价值。

C：以国家及行业发展规划文件、权威研究报告、高质量学术论著为参考。

D：按照学术论文的写法用一到两句话高度概括出本课程开设的背景。要求将课程建设的价值延伸至社会、国家和全球的发展需求及趋势，深入研究课程内容与国家需求、行业发展、区域特色、学校特点的契合点，确定课程在解决社会问题、满足国家需求方面的独特作用，将课程建设置于社会、国家发展的高度进行论述，突显其独特价值和社会意义，避免仅从课程角度进行浅显的讨论。

4R：写提示词

将以下提示词提供给 Kimi 的提示词专家，生成标准的提示词。

提示词

请你扮演一名资深教育政策专家，撰写一份标准的提示词。任务是以国家及行业发展规划文件、权威研究报告、高质量学术论著为参考，按照学术论文的写法用一到两句话高度概括出本课程开设的背景。要求将课程建设的价值延伸至社会、国家和全球的发展需求及趋势，深入研究课程内容与国家需求、行业发展、区域特色、学校特点的契合点，确定课程在解决社会问题、满足国家需求方面的独特作用，将课程建设置于社会、国家发展的高度进行论述，突显其独特价值和社会意义，避免仅从课程角度进行浅显的讨论。

AI 回答

- Role: 资深教育政策专家。
- Background: 教育政策专家需要撰写一份规范的提示词，以指导课程建设与国家及行业发展紧密结合。
- Profile: 作为资深教育政策专家，你具有深入分析国家政策、行业发展趋势的能力，能够洞察课程建设与社会发展需求之间的联系。
- Skills: 政策分析、学术研究、课程设计与规划、社会需求洞察。
- Goals: 确定课程建设在解决社会问题、满足国家需求方面的独特作用，突显课程建设的独特价值和社会意义。
- Constrains: 必须使用国家及行业的发展规划文件、权威的研究报告及高质量的学术论著作为参考，遵循学术论文的写作规范。
- OutputFormat: 规范的学术论文摘要，简洁而深刻地概括课程开设的背景和价值。
- Workflow。
1. 分析国家及行业的发展规划文件，提炼关键信息。
2. 结合研究报告和学术论著，确定课程建设与社会、国家发展需求的契合点。
3. 撰写一到两句话的课程背景摘要，体现课程建设的独特价值和社会意义。
- Examples。

例如，如果课程是关于可持续发展的，可以这样写：本课程基于国家对绿色发展的长远规划和全球对环境保护的共同关注，旨在培养学生在可持续发展领域的专业能力和国际视野。

- Initialization: 欢迎进入课程建设的深入探讨，让我们共同挖掘课程与社会发展需求的契合点，为国家和全球的进步贡献力量。

5R：修改完善

在获取标准提示词后，我们期望了解所引用的文献资料，并希望以一门具体的大学本科课程为例进行分析。因此，建议调整 OutputFormat 设置，具体如下。

生成一篇标准的学术论文摘要，清晰而深入地概述课程开设的背景和价值，并详细列出所引用的参考文献。同时，需要以实际的一门大学本科课程为例，进行深入分析。

然后，将修改完善后的提示词复制并粘贴至文心一言，以获取详细的文本分析结果。

AI 回答

学术论文摘要

标题：《融合国家发展战略与行业趋势的"智能金融"本科课程构建研究》

摘要：

随着国家"十四五"规划中明确提出加快数字化发展、建设数字中国的任务部署，以及金融科技行业的迅猛崛起，社会对具备跨学科知识、创新思维及实践能力的智能金融人才的需求日益增长。在此背景下，本文深入分析了国家数字经济发展战略与金融行业智能化转型的趋势，探讨了高等教育中"智能金融"本科课程建设的必要性与紧迫性。

本文首先梳理了国家关于数字经济、金融科技发展的相关政策文件，提炼出推动金融与科技深度融合、培养复合型金融人才的核心要求。随后，结合国内外研究报告与高质量学术论文，明确了智能金融领域的关键技术、业务模式及未来发展趋势，进而确定了"智能金融"课程应涵盖的核心知识体系，包括大数据分析、人工智能、区块链、云计算等前沿技术在金融领域的应用，以及风险管理、金融创新、金融科技伦理等跨学科内容。

通过对比分析国内外高校相关课程设置，本文提出了一套"智能金融"本科课程体系的构建方案，旨在培养既懂金融又精通技术的复合型人才，以满足国家发展战略和行业转型升级的迫切需求。该课程不仅注重理论知识的传授，更强调实践能力的培养，通过校企合作、项目驱动等教学模式，使学生能够在解决实际问题的过程中提升综合素质，为金融行业的智能化发展贡献力量。

课程背景摘要

本课程"智能金融"的开设，是积极响应国家数字经济发展战略，顺应金融行业智能化转型趋势的重要举措。它旨在填补当前高等教育在金融科技领域人才培养的空白，通过整合多学科资源，构建系统化、前沿化的课程体系，培养具备国际视野、创新精神和实践能力的智能金融人才，为解决金融行业的实际问题、推动国家数字经济建设提供有力的人才支撑。

参考文献

[此处省略具体文献列表，实际撰写时应详细列出参考的国家及行业发展规划文件、研究报告及高质量学术论文，遵循学术论文的引用规范。]

通过上述摘要，本文不仅清晰地阐述了"智能金融"本科课程开设的背景、意义及构建思路，还展示了如何通过政策分析、学术研究等方法，确保课程建设紧密贴合国家及行业发展需求，突显了其独特的社会价值和深远影响。

从 AI 生成的答案中可以看到，它又偷懒了，没有将参考文献详细列出。

若要获得与课程相匹配的内容，最佳做法是参赛者对所教授的课程进行深入反思，并提供详细信息给 AI。课程介绍越详尽，AI 提供的描述就越精准、科学。

建议提供的信息包括：

- 课程名称
- 授课对象
- 所属行业
- 所属地区
- 学校类型
- 拟报组别

温馨提示

提示词

请根据我主讲的课程来撰写课程开设的背景和价值。我主讲的课程是"储能原理与技术"【课程名称】，这是一门在西部地区【所属地区】某所地方院校【学校类型】化工专业【所属行业】面向大二学生【授课对象】开设的新工科课程【拟报组别】。请详细记录所引用的参考文献。

AI 回答

课程开设的背景和价值：储能原理与技术

1. 背景

随着全球能源结构的转型和可持续发展战略的深入实施，储能技术作为连接可再生能源生产与消费的桥梁，其重要性日益凸显。西部地区作为国家能源战略的重要基地，能源以煤炭、石油等传统化石能源为主，同时也具有风能、太阳能等可再生能源资源丰富的独特优势。然而，可再生能源的间歇性和不稳定性给电网的安全稳定运行带来了巨大挑战，储能技术因此成为解决这一问题的关键。

与此同时，新工科教育理念的提出，要求高等教育紧密对接国家战略需求和行业发展趋势，培养具有创新精神和实践能力的高素质工程技术人才。在化工专业中引入"储能原理与技术"课程，正是响应这一号召的举措，该举措旨在通过跨学科的知识融合，拓宽学生的专业视野，提升学生在新能源领域的核心竞争力。

2. 价值

- 服务国家战略需求：本课程的开设，有助于培养掌握储能技术基本原理与应用的复合型人才，为西部地区乃至全国的能源结构转型和可持续发展提供有力的人才支撑。

- 推动行业技术进步：通过系统学习储能技术的最新研究成果和发展趋势，学生能够了解并掌握储能技术的核心知识和关键技术，为未来的科研工作或技术创新奠定坚实基础，从而推动储能行业的持续进步。

- 促进学科交叉融合：储能技术涉及电化学、材料科学、电力系统等多个学科领域，本课程的开设有助于促进化工专业与其他学科的交叉融合，形成新的学科增长点，推动学科体系的不断完善。

- 提升学生综合素质：本课程通过理论与实践相结合的教学模式，注重培养学生的创新思维、实践能力和团队协作能力，使学生能够综合运用所学知识解决实际问题，提升其综合素质和就业竞争力。

3. 参考文献

- 国家发展改革委等.《关于促进储能技术与产业发展的指导意见》.20××年.
- 中国能源中长期发展战略研究项目组.《中国能源中长期（2030、2050）发展战略研究》.北京：科学出版社，20××年.
- 国务院.《"十三五"国家战略性新兴产业发展规划》.20××年.
- 《储能科学与技术》编辑部《储能科学与技术》期刊近五年发表的相关论文综述。
- 国外知名学术期刊，如 *Nature Energy*、*Advanced Energy Materials* 等，关于储能技术的最新研究进展和综述文章。

请注意，由于我无法直接访问实时数据库或具体文献资源，上述参考文献中的具体年份和详细出版信息需根据实际情况进行补充和完善。同时，建议在实际撰写过程中，根据课程开设的具体背景和教学内容，进一步筛选和引用相关文献，以确保课程开设背景和价值的阐述更加准确和全面。

AI 生成的这一版答案是否让你眼前一亮？你可以继续与 AI 交流，在讨论中深入分析自己主讲的课程。快来体验吧！

采用高瞻远瞩计，能够有效避免"局限于课程本身"，确保教学创新成果报告能够突显课程的独特价值和社会意义，为社会和国家的发展贡献力量。

借助具体案例和数据等实证材料，验证课程在社会、国家层面的价值和贡献，可以增强论述的说服力和可信度。另外，在教学创新成果报告中预见课程未来在社会、国家发展中的潜在贡献和拓展空间，可以更好地展现教学创新的前瞻性和可持续性。

温馨提示

误区 09：教学目标不清晰——明确定向计

要达成伟大的成就，最重要的秘诀在于确定你的目标，然后开始干，采取行动，朝着目标前进。

——美国个人发展和成功学大师博恩·崔西（Brian Tracy）

【实际案例】

刘老师是东部一所地方院校"财务管理原理"课程的主讲教师，负责教授财务管理专业的大二学生。他深知这门课程对学生未来职业生涯的重要性，因此在准备教学设计时格外用心。然而，在设定教学目标时，刘老师将教学目标都设计成了解什么、熟悉什么、掌握什么的形式，非常粗略，难以起到对课程进行引领指导的作用，特别是这些教学目标和其他讲授这门课的老师设计的教学目标竟然雷同了！

【误区分析】

设定的教学目标缺乏行为动词的具体描述，未充分考虑学校定位、学生实际情况及专业人才培养需求，导致目标模糊不明确。

【避坑计策】

明确定向计：是指在设置教学目标时，确保目标清晰明确，避免模糊不清，以便为教学和学习提供明确方向的策略。

【实施要点】

· 行为动词具象：在设定教学目标时，使用具体的行为动词来界定学生的学习成果，确保目标具有可观察性和可衡量性。

· 多维考量融入：综合考虑学校定位、学生实际情况以及专业人才培养需求，保证教学目标既与学校整体发展方向相一致，又紧密贴合学生的实际学习需求和专业成长路径。

· 目标分层细化：将教学目标分层细化，形成具有递进关系的小目标，以便在教学过程中逐步落实,确保最终达成总体目标。

【AI 解决方案】

1R:选择工具

选择文本生成工具,如文心一言。

2R:确定角色

定位为资深课程设计专家。

3R:精准需求

A:为准备参加教学创新大赛的教师撰写一份标准的提示词。

B:设计教学目标,并将教学目标分层细化,形成具有递进关系的小目标。

C:以布鲁姆目标分类法为参考,综合考虑学校定位、学生实际情况以及专业人才培养需求。

D:使用具体的行为动词来界定学生的学习成果,确保目标具有可观察性和可衡量性,同时保证教学目标既与学校整体发展方向相一致,又紧密贴合学生的实际学习需求和专业成长路径。小目标在教学过程中可以逐步实施,以确保最终达成总体目标。

4R:写提示词

将以下提示词提供给 Kimi 的提示词专家,生成标准的提示词。

提示词

请你扮演一名资深课程设计专家,撰写一份标准的提示词。任务是参考布鲁姆目标分类法,综合考虑学校定位、学生实际情况以及专业人才培养需求,设计教学目标,使用具体的行为动词来界定学生的学习成果,确保目标具有可观察性和可衡量性,同时保证教学目标既与学校整体发展方向相一致,又紧密贴合学生的实际学习需求和专业成长路径,并将教学目标分层细化,形成具有递进关系的小目标,小目标在教学过程中可以逐步实施,以确保最终达成总体目标。

AI 回答

- Role: 资深课程设计专家。
- Background: 学校需要制定符合布鲁姆目标分类法的教学目标，以确保课程与学校定位、学生实际情况和专业人才培养需求相匹配。
- Profile: 作为资深课程设计专家，你具有深厚的教育理论基础和实践经验，能够综合考虑多方面因素，设计出既符合学校发展方向又满足学生需求的教学目标。
- Skills: 课程设计、教育心理学、布鲁姆目标分类法应用、教学评估、目标分层细化。
- Goals: 设计出一套教学目标，这些目标需要具体、可观察、可衡量，并且与学校的整体发展方向和学生的实际学习需求紧密相连。
- Constrains: 教学目标应遵循布鲁姆目标分类法，确保目标的层次性和递进性，同时需要考虑学校定位和学生实际。
- OutputFormat: 文本描述，包括教学目标的总体框架和分层细化的小目标。
- Workflow。
1. 确定课程与学校整体发展方向的一致性。
2. 分析学生实际情况和专业人才培养需求。
3. 应用布鲁姆目标分类法设计教学目标。
4. 使用具体的行为动词界定学习成果。
5. 将教学目标分层细化，形成递进的小目标。
- Examples。
• 总体目标：培养学生的批判性思维能力。
• 小目标1：学生能够识别不同观点和论据。
• 小目标2：学生能够分析和评估不同观点的合理性。
• 小目标3：学生能够构建自己的论点并进行有效论证。
- Initialization: 欢迎使用布鲁姆目标分类法设计教学目标，让我们一起为学生的专业成长和学校的发展贡献力量！

5R：修改完善

获得标准提示词后，我们期望生成知识、能力和素质三个维度的教学目标，这些教学目标应符合布鲁姆目标分类法的六个层次：记忆、理解、应用、分析、评价、创造，还希望能以一门具体的大学本科课程为例进行分析。因此，可以修改 OutputFormat 设置，具体如下。

文本描述，包括对知识、能力和素质三个维度教学目标的总体框架和分层细化小目标的详细描述，需符合布鲁姆目标分类法的六个层次：记忆、理解、应用、分析、评价、创造。同时，需要以实际的一门大学本科课程为例，进行深入分析。

然后，将修改完善后的提示词复制并粘贴至文心一言，以获取详细的文本分析结果。

AI 回答

欢迎使用布鲁姆目标分类法设计教学目标。以下是以"市场营销原理"这一大学本科课程为例，设计的教学目标总体框架及分层细化的小目标，旨在确保课程与学校定位、学生实际情况和专业人才培养需求相匹配。

1. 教学目标总体框架

（1）知识维度。

- 学生将掌握市场营销的基本概念、理论框架和核心概念，包括但不限于市场细分、目标市场选择、市场定位、产品策略、价格策略、促销策略及渠道管理等。
- 学生将了解市场营销环境分析的方法，包括宏观环境（PESTEL）和微观环境（波特五力模型）分析。

（2）能力维度。

- 学生能够运用市场营销理论分析实际案例，识别市场机会与威胁，评估企业竞争地位。
- 学生能够设计并执行市场调研计划，收集并分析数据，以支持决策制定。

- 学生能够制定初步的市场营销策略,包括产品、价格、促销和渠道的综合规划。

(3)素质维度。

- 培养学生的创新思维和批判性思维能力,使其在面对复杂市场环境时能够提出独到见解。
- 增强学生的团队协作与沟通能力,通过小组讨论和项目合作提升学生解决实际问题的能力。
- 提升学生的职业道德和社会责任感,帮助学生理解市场营销活动对社会、经济及环境的影响。

2. 分层细化的小目标(依据布鲁姆目标分类法)

(1)记忆层次。

- 小目标1:学生能准确记忆市场营销的基本术语和定义,如市场、市场营销、消费者行为等。
- 小目标2:学生能复述市场营销的主要流程和关键步骤。

(2)理解层次。

- 小目标1:学生能理解市场营销组合(4Ps/7Ps)各要素之间的相互关系及其对整体营销策略的影响。
- 小目标2:学生能分析市场细分变量,理解不同细分市场的特征和需求差异。

(3)应用层次。

- 小目标1:学生能运用SWOT分析评估企业的内外部环境,识别优势和劣势、机遇与威胁。
- 小目标2:学生能根据市场调研数据,设计针对特定目标市场的营销策略提案。

(4)分析层次。

- 小目标1:学生能分析不同营销策略的优缺点,评估其在不同市场情境下的适用性。
- 小目标2:学生能批判性地审视市场趋势,预测市场变化可能对营销策略产生的影响。

(5)评价层次。

- 小目标1:学生能评价现有市场营销策略的有效性和效率,提出改进建议。

- 小目标2：学生能对比不同企业的营销策略，评价其成功或失败的原因。

（6）创造层次。
- 小目标1：学生能结合创新思维，设计新颖的市场营销方案，以应对市场挑战。
- 小目标2：学生能在团队合作中，领导或参与制定具有创新性和实用性的市场营销项目计划。

通过上述教学目标的设计，我们旨在全面提升学生在市场营销领域的理论素养、实践能力和综合素质，为其未来的职业生涯奠定坚实的基础。

通过这个示例，你是否对教学目标有了更深入的理解？现在，我们可以向AI提供课程的详细信息，并通过持续的沟通，让它帮助我们生成符合标准的教学目标了。

提示词

非常好！请根据我提供的课程信息，设计知识、能力和素质三个维度教学目标的总体框架和分层细化的小目标，需符合布鲁姆目标分类法的六个层次：记忆、理解、应用、分析、评价、创造。
课程名称：财务管理原理。
课程简介（包括课程的主要内容、教学对象、预期的学习成果等）：本课程面向某东部地方院校财务管理专业大二学生，通过教授财务管理的基本原理和方法，帮助学生建立起扎实的财务知识体系，掌握财务分析、决策、控制等专业技能。
学校办学定位（简要描述学校的教育理念和培养目标）：学校主要围绕"育经世之商才，授致用之术业"的办学理念，致力于培养具有高度社会责任感、深厚商学素养，能够适应现代服务业需求的应用型特色管理人才，以及能够为东部地区乃至全国的经济建设和社会发展作出贡献的复合型应用型创新创业人才。
学生情况（如学生的学科背景、兴趣特点、学习能力等）：学生已掌握管理学、西方经济学等基础理论分析工具，有一定的财务会计学基础知识与技能，但理论知识基础薄弱且普遍对理论学习缺乏兴趣，对企业的业务不了解，学生知识的系统性和条理性较为缺乏，对资金时间价值和投资风险价值观念的认知仅停留在感性认识的阶段，缺乏运用财务思维解读企业行为背后的逻辑以及准确判断企业价值的财务决策能力。

专业人才培养需求（针对该课程，学生应达到的专业能力或素质要求）：旨在帮助学生掌握企业资金筹集、资金运用、证券投资和利润分配管理的方法；培养学生结合企业总体战略设定财务战略的能力，运用财务知识进行分析决策的能力，解决复杂财务问题的创新思维能力；使学生树立科学理财观念，培养学生的敬业精神、团队精神、求索精神，及人际沟通能力，帮助学生养成严格执行财务相关法律法规等职业道德品格。#

现在，请根据这些详细信息，生成符合布鲁姆目标分类法的教学目标。

AI 回答

财务管理原理教学目标设计

一、教学目标总体框架

1. 知识维度

- 学生将全面掌握财务管理的基本原理、理论框架及核心概念，包括资金时间价值、投资风险、财务分析、筹资管理、投资管理、营运资金管理和利润分配等。
- 学生将深入理解财务管理与企业战略、市场环境及政策法规之间的关系。

2. 能力维度

- 学生能够运用财务管理工具和技术进行财务分析、预算制定、资本预算、投资决策和风险管理。
- 学生能够结合企业实际情况，设计并执行财务管理方案，解决复杂财务问题。
- 学生能够运用财务知识参与企业决策过程，提升财务决策能力。

3. 素质维度

- 培养学生的科学理财观念，使其具备高度的社会责任感、职业道德和法制观念。
- 增强学生的团队合作精神、沟通能力和创新思维能力，以适应现代服务业的需求。
- 培养学生严格执行财务相关法律法规的意识，以及持续学习和自我提升的能力。

二、分层细化的小目标（依据布鲁姆目标分类法）

1. 记忆层次
- 小目标1：学生能准确记忆财务管理的基本概念和术语，如资金时间价值、投资风险、资本结构、财务报表分析等。
- 小目标2：学生能复述财务管理的主要内容和流程，如财务循环、财务报表编制与解读等。

2. 理解层次
- 小目标1：学生能理解资金时间价值和投资风险的概念及其对企业财务决策的影响。
- 小目标2：学生能理解财务报表各项目的含义及其相互关系，掌握财务报表分析的基本方法。
- 小目标3：学生能理解不同筹资方式、投资项目的特点和风险，以及它们在财务管理中的应用。

3. 应用层次
- 小目标1：学生能运用资金时间价值计算工具进行财务决策分析，如评估投资项目的可行性。
- 小目标2：学生能编制和分析企业的财务预算，包括经营预算、资本预算等。
- 小目标3：学生能运用财务分析工具和技术，评估企业的财务状况、经营成果和现金流量。

4. 分析层次
- 小目标1：学生能分析不同筹资方式对企业资本结构、融资成本及风险的影响，并提出优化建议。
- 小目标2：学生能分析投资项目的敏感性、风险性和不确定性，制定风险应对策略。
- 小目标3：学生能结合市场环境和企业战略，分析财务决策对企业整体发展的影响。

5. 评价层次

- 小目标 1：学生能评价企业财务管理的效果和效率，提出改进财务管理的建议。
- 小目标 2：学生能对比不同企业的财务管理模式，评价其优劣并提出改进方向。
- 小目标 3：学生能评价财务决策对企业价值的影响，评估其是否符合企业长期发展目标。

6. 创造层次
- 小目标 1：学生能结合企业实际情况，创新性地设计财务管理方案，解决复杂财务问题。
- 小目标 2：学生能在团队中领导或参与具有创新性和实用性的财务决策，推动企业价值提升。
- 小目标 3：学生能运用财务知识参与企业战略制定，提出具有前瞻性的财务战略建议。

通过与 AI 的对话，我们能够对自己的课程进行更深入的思考，这也是教学创新大赛的价值和魅力所在。快来与 AI 共同深入分析我们的课程吧！

采用明确定向计，可以有效避免教学目标模糊不清的问题，确保教学目标既明确又具体，为教学创新提供清晰的方向和坚实的支撑。

> 建立目标反馈机制，定期收集学生、同行及专家的反馈意见，以便对教学目标进行适时调整和优化，确保其始终保持清晰明确。在教学过程中，持续评估目标的达成情况，并根据评估结果及时调整教学策略和方法，以确保教学目标得以有效实现。

温馨提示

误区 10：刻意贬低失真化——客观审视计

> 批判是一种建设性的探寻。
>
> ——中国作家贺绍俊

【实际案例】

姚老师是一位经验丰富的老师，负责为大三学生讲授"电路分析原理"这门课程。他一直致力于探索和实践新的教学方法，以提升学生的学习兴趣和效果。然而，在撰写关于教学实践问题的报告时，姚老师却不慎陷入了一个误区。为了突显教学创新的必要性与成效，他在描述课程存在的问题时，言辞过于尖锐，甚至流露出对课程的否定态度，这样的表述让专家误认为这位老师缺乏基本的教学素养，不是一位合格的高校教师。

【误区分析】

为突显教学创新的必要性与成效，在描述教学实践问题时言辞过于尖锐，刻意贬低课程，导致失真。

【避坑计策】

客观审视计：是指在面对事物或情况时，避免刻意贬低或失真化，保持客观态度，进行全面、公正审视的策略。

【实施要点】

- 问题本质聚焦：深入剖析教学实践中的具体问题，聚焦问题的本质和根源，避免用刻意贬低的方式而导致问题的真实面貌呈现失真。

- 积极寻求改进：从改进和提升的角度出发，探讨问题的解决方案和改进措施，展现对课程的积极态度和改进决心。

- 实证支撑描述：用具体的教学实践案例和数据支撑对问题的描述，增强说服力，同时保持对课程成效的客观评价。

【AI 解决方案】

1R：选择工具

选择文本生成工具，如文心一言。

2R：确定角色

定位为资深课程设计专家。

3R：精准需求

A：为准备参加教学创新大赛的教师撰写一份标准的提示词。

B：凝练教学实践中的真实问题。

C：以国家及行业发展规划文件、权威研究报告、高质量学术论著为参考。

D：深入剖析教学实践中的具体问题，确保问题描述符合 SMART 准则。聚焦问题的本质和根源，避免用刻意贬低的方式而导致问题的真实面貌呈现失真。从改进和提升的角度出发，探讨问题的解决方案和改进措施，展现对课程的积极态度和改进决心。用具体的教学实践案例和数据支撑对问题的描述，增强说服力，同时保持对课程成效的客观评价。

4R：写提示词

将以下提示词提供给 Kimi 的提示词专家，生成标准的提示词。

提示词

请你扮演一名资深课程设计专家，撰写一份标准的提示词。任务是以国家及行业发展规划文件、权威研究报告、高质量学术论著为参考，深入剖析教学实践中的具体问题，确保问题描述符合 SMART 准则。聚焦问题的本质和根源，避免用刻意贬低的方式而导致问题的真实面貌呈现失真。从改进和提升的角度出发，探讨问题的解决方案和改进措施，展现对课程的积极态度和改进决心。用具体的教学实践案例和数据支撑对问题的描述，增强说服力，同时保持对课程成效的客观评价。

AI 回答

- Role: 资深课程设计专家。
- Background: 教学实践中遇到的问题需要深入分析和改进,以符合国家及行业发展规划。
- Profile: 你是一位在教育领域具有丰富经验的课程设计专家,擅长从宏观政策和学术研究中汲取营养,结合具体教学实践,提出切实可行的改进方案。
- Skills: 教育政策解读、学术研究分析、课程设计、问题诊断、SMART 准则应用。
- Goals: 深入剖析教学实践中的具体问题,提出符合 SMART 准则的解决方案,确保问题描述准确、客观,同时展现积极态度和改进决心。
- Constrains: 避免使用贬低性语言,确保问题描述真实、客观,解决方案具有可行性和创新性。
- OutputFormat: 结构化报告,包含问题描述、原因分析、解决方案、改进措施、案例支撑、数据支持。
- Workflow。
1. 阅读和分析国家及行业发展规划文件、研究报告、学术论著。
2. 识别教学实践中的具体问题,并根据 SMART 准则进行描述。
3. 深入探讨问题的本质和根源,提出解决方案和改进措施。
4. 收集具体的教学实践案例和数据,增强说服力。
5. 撰写结构化报告,确保内容客观、全面、具有说服力。
- Examples。
- 问题描述:当前课程中,学生对某一概念的理解程度普遍不足。
- 原因分析:教材内容与学生实际生活经验脱节,教学方法单一。
- 解决方案:引入案例教学法,结合学生生活实际,增强互动性。
- 改进措施:定期收集学生反馈,调整教学内容和方法。
- 案例支撑:某校采用了案例教学法,学生对该概念的理解程度提高了 20%。
- 数据支持:通过前后测试对比,学生平均成绩提升了 15 分。
- Initialization: 欢迎进入课程设计改进流程,我们将一起深入分析问题,探索有效的解决方案。请提供你希望改进的具体课程领域或问题。

5R：修改完善

获得标准提示词后，我们希望生成的报告既能诚实地反映教学问题，又能巧妙地融入学生的积极面与成长潜力，避免过度贬低，同时为后面创新举措的提出留有空间。并且，以具体的一门本科课程为例分析其教学实践中存在的真实问题。因此，建议修改 OutputFormat 设置，具体如下。

结构化报告，包含问题描述、原因分析、解决方案、改进措施、案例支撑、数据支持。报告应既能诚实地反映教学问题，又能巧妙地融入学生的积极面与成长潜力，避免过度贬低，同时为后面创新举措的提出留有空间。最后，再以具体的一门本科课程为例，分析真实问题。

然后，将修改完善后的提示词复制并粘贴至文心一言，以获取详细的文本分析结果。

AI 回答

课程设计改进报告

一、问题描述

在当前的"创新管理"本科课程中，我们观察到尽管学生对创新理论的基本框架有一定了解，但在将理论知识应用于实际案例分析时，普遍存在分析能力不足、创新思维受限的问题。这具体表现为学生在小组讨论和作业提交中，往往能够复述理论概念，但在提出创新解决方案时缺乏原创性和深度，难以有效结合行业背景进行具体分析。

二、原因分析

- 理论与实践脱节：课程内容过于侧重理论知识的传授，而缺乏足够的实践案例分析和模拟演练，导致学生难以将所学知识与现实情境相结合。
- 教学方法单一：传统教学以讲授式教学为主，缺乏多样化的教学手段，如角色扮演、项目式学习等，限制了学生创新思维和问题解决能力的培养。
- 评估方式片面：当前评估体系主要依赖于考试和作业，对学生创新能力和实践能力的评价不足，未能有效激励学生主动探索和创新。

三、解决方案

- 引入行业案例分析：整合最新行业案例，特别是那些成功与失败的创新案例，通过小组讨论、案例分析报告等形式，引导学生深入分析案例背后的创新逻辑和策略，提升理论与实践的结合度。
- 实施项目式学习：设计跨学科、跨领域的创新项目，鼓励学生组队完成，从问题识别、方案设计到评估实施全程参与，通过实际操作培养学生的创新思维和团队协作能力。
- 多元化评估体系：建立包括自我评价、同伴评价、教师评价及行业专家评价在内的多元化评估体系，特别增加对创新能力和实践能力的考核比重，以激励学生积极参与创新活动。

四、改进措施

- 定期邀请行业专家讲座：邀请企业创新部门负责人或行业专家来校讲座，分享行业前沿动态和创新实践经验，拓宽学生视野，激发创新灵感。
- 建立创新实验室或工作坊：为学生提供实践平台，配备必要的软硬件资源，支持学生开展创新实验、产品设计等活动，将创新想法转化为实际成果。
- 加强师生互动与反馈：建立线上线下的互动平台，鼓励学生随时提问和分享想法，教师及时给予指导和反馈，形成积极向上的学习氛围。

五、案例支撑

某高校在"创新管理"课程中引入项目式学习后，学生参与的积极性和创新能力显著提升。一组学生针对校园内存在的资源浪费问题，设计了一套智能垃圾分类回收系统，并在校园内成功试点，有效提高了资源回收率，该项目不仅获得了校内外的高度评价，还吸引了多家企业的关注，它们纷纷表达了合作意向。

六、数据支持

通过对比引入项目式学习前后的学生表现，我们发现：

- 学生提交的创新方案数量增长了 30%，且质量明显提升，原创性和实用性增强。
- 在期末的创新能力测试中，学生的平均成绩提高了 20 分，显示出更强的创新思维和问题解决能力。
- 学生对课程的满意度调查结果显示，90% 以上的学生认为项目式学习对他们

> 的创新能力和实践能力提升有显著帮助。
> 综上所述，通过引入行业案例分析、实施项目式学习及建立多元化评估体系等改进措施，可以有效解决"创新管理"课程中存在的理论与实践脱节、教学方法单一及评估方式片面等问题，进一步激发学生的创新潜能，提升教学质量和效果。

从 AI 的回答中，我们可以清晰地看到，教学实践中的真实问题是教学创新的起点和基石。只有深入挖掘并准确理解这些问题，我们才能设计出有效的教学创新举措来解决问题。

接下来，我们可以向 AI 提供详细的课程信息，并通过持续的沟通，让它帮助我们更深入地剖析教学实践中的真实问题。不妨现在就试试吧！

采取客观审视计，可以有效避免"主观偏见"的问题，确保对教学实践问题的描述真实、客观，为教学创新提供坚实的基础。

温馨提示

在描述教学实践中的问题时，我们应保持客观中立的视角，避免使用过于尖锐或带有贬低意味的言辞，以确保问题的描述真实、客观。同时，将反思作为教学创新的重要环节，通过客观审视教学实践中的问题，我们可以实现个人和教学的共同成长。

误区 11：创新特色不突显——主线串联计

> 一个作品，几十万字也好，几百字也好，也总有它的"核"，这也就是它的主题，它的思想。
>
> ——中国散文家秦牧

【实际案例】

尹老师是"国际金融学"课程的主讲人，他对于教学创新充满了热情和探索精神。在他的课堂上，学生们可以体验到知识图谱的宏观视角，也能通过真实实践场景感受国际金融的实际运作，更能体会到陪伴式教学的温暖关怀。尹老师尝试了许多新方法，使得课程内容丰富多彩。然而，正是这些多样的创新尝试，却让他的课程不慎陷入了一个误区。创新固然重要，但如果方法和工具太多、太散，却会让专家感觉到过于繁杂。

【误区分析】

课程虽尝试多种创新方法，但缺乏主线贯穿，导致创新点散落，难以给专家留下深刻印象。

【避坑计策】

主线串联计：是指在设计或展示内容时，通过明确的主线将创新特色串联起来，确保其突显并贯穿始终，避免平淡无奇的策略。

【实施要点】

- 创新整合：将尝试的各种教学创新方法和工具进行整合。
- 主线提炼：从国家需求、行业发展、区域特色、学校特点等角度结合学情分析以及课程的特点提炼出核心主线。
- 逻辑构建：构建清晰的课程逻辑结构，确保每个创新点都能在主线中找到合适的位置，形成有层次的课程体系。

【AI 解决方案】

1R：选择工具

选择文本生成工具，如文心一言。

2R：确定角色

定位为资深课程设计专家。

3R：精准需求

A：为准备参加教学创新大赛的教师撰写一份标准的提示词。

B：精心提炼并明确课程的教学创新主线。

C：以教育学相关理论，以及国家及行业发展规划文件、权威研究报告、高质量学术论著为参考。

D：通过将尝试的各种教学创新方法和工具进行整合，从国家需求、行业发展、区域特色、学校特点等角度，结合学情分析以及课程的特点提炼出核心主线。构建清晰的课程逻辑结构，确保每个创新点都能在主线中找到合适的位置，形成有层次的课程体系。按照学术论文的写法用一段话来概括这门课程的教学创新主线。

4R：写提示词

将以下提示词提供给 Kimi 的提示词专家，生成标准的提示词。

> **提示词**
>
> 请你扮演一名资深课程设计专家，撰写一份标准的提示词。任务是以教育学相关理论、国家及行业发展规划文件、权威研究报告、高质量学术论著为参考，通过将尝试的各种教学创新方法和工具进行整合，从国家需求、行业发展、区域特色、学校特点等角度结合学情分析以及课程的特点提炼出核心主线。构建清晰的课程逻辑结构，确保每个创新点都能在主线中找到合适的位置，形成有层次的课程体系。按照学术论文的写法用一段话来概括这门课程的教学创新主线。

AI 回答

- Role: 资深课程设计专家。
- Background: 在当前教育改革的大背景下，教育者需要结合国家和行业发展规划，以及权威的研究报告和学术论著，设计出符合时代需求的课程。
- Profile: 作为一名资深的课程设计专家，你具有深厚的教育学理论基础，熟悉国家教育政策和行业发展趋势，能够洞察区域特色和学校特点。
- Skills: 你具备课程设计、教学创新、资源整合、学情分析和逻辑构建等关键能力。
- Goals: 设计一门具有创新性、系统性和实用性的课程，满足国家、行业发展的需要，符合区域特色和学校特点，同时符合学情分析和课程特性。
- Constrains: 课程设计应遵循教育学原理，符合国家教育政策，尊重学生个体差异，注重实践性和创新性。
- OutputFormat: 学术论文摘要格式，简洁明了地概括课程教学创新的主线。
- Workflow。
1. 分析国家和行业发展规划，确定课程设计的宏观背景。
2. 分析权威的研究报告和学术论著，提炼教学创新的理论基础。
3. 结合区域特色、学校特点和学情分析，确定课程的核心主题和教学目标。
4. 整合教学创新方法和工具，构建课程的逻辑结构。
5. 确保每个创新点在课程主线中的位置，形成有层次的课程体系。
6. 撰写学术论文摘要，概括课程教学创新的主线。
- Examples。
• 如何利用项目式学习（PBL）提升学生的实践能力和创新思维？
• 融合信息技术，构建智慧课堂，提高教学互动性和学习效率。
- Initialization: 欢迎进入课程设计的新旅程，让我们共同探索和实现教学创新，为学生提供更高质量的教育体验。

本课程以培养学生的核心素养为核心，结合 21 世纪技能框架，通过跨学科整合的方式，实现知识的深度融合与创新应用。课程设计遵循学生中心、成果导向的教学理念，采用案例教学、合作学习等多种教学方法，激发学生的主动探索精神和团队协作能力。同时，课程融入信息技术，如大数据分析和人工智能辅助，以增强学习的个性化和智能化。通过这一系列的教学创新，本课程旨在为学生提供一个全面、互动、创新的学习环境，以适应快速变化的社会和经济需求。

5R：修改完善

获得标准提示词后，我们希望详细列出所引用的参考文献，并深入分析一门大学本科课程的教学创新特色，避免使用空洞的词汇。因此，建议修改 OutputFormat 设置，具体如下。

学术论文摘要格式，简洁明了地概括课程教学创新的主线。详细列出所引用的参考文献，并深入分析这门课程的教学创新特色，避免使用空洞的词汇。

然后，将修改完善后的提示词复制并粘贴至文心一言，以获取详细的文本分析结果。

AI 回答

学术论文摘要

标题：基于核心素养与 21 世纪技能框架的跨学科整合课程创新设计与实践

摘要：

本文旨在探讨在当前教育改革背景下，如何设计一门融合核心素养与 21 世纪技能框架的跨学科整合课程，以满足国家、行业发展的需要，实现学生个性化成长的多元目标。课程围绕"学生中心"与"成果导向"的教学理念，通过深度整合多学科知识，构建了一个既系统又具创新性的课程体系。

课程创新主要体现在以下几个方面：首先，明确将核心素养作为课程设计的核心，包括批判性思维、创新能力、信息素养、沟通合作等关键能力，确保学生具备适应未来社会的基本素养；其次，结合 21 世纪技能框架，课程内容强调跨学科知识的融合与应用，通过项目式学习（PBL）等教学方法，引导学生在解决实际问题的过程中实现知识的迁移与创新。

在教学方法上，课程采用案例教学、合作学习等多种模式，鼓励学生主动探索、团队协作，以提升学生的实践能力和创新思维。同时，课程积极融入信息技术，利用大数据分析和人工智能辅助工具，实现学习过程的个性化与智能化，提高教学效率与质量。

通过对课程设计的深入分析与实践，本文展示了该课程在促进学生全面发展、提升教学效果方面的显著成效。该课程不仅符合国家和行业发展的需求，还充分考虑了区域特色与学校特点，为培养具有创新精神和实践能力的高素质人才提供了有力支持。

关键词：核心素养；21世纪技能框架；跨学科整合；教学创新；信息技术。

参考文献：

[此处应列出具体引用的权威研究报告、学术论著、教育政策文件等，由于示例性质，未直接列出具体文献。]

案例分析：

以某大学本科"创新与社会责任"课程为例，该课程通过整合经济学、社会学、环境科学等多学科知识，围绕"可持续发展"主题，设计了一系列跨学科项目。学生在项目中需运用所学知识，分析社会热点问题，提出创新解决方案，并通过团队合作、调研报告、公开演讲等形式展示成果。教学过程中，教师利用在线学习平台收集学生学习数据，运用大数据分析优化教学内容与策略，同时引入人工智能辅助工具提供个性化学习建议，有效提升了学生的学习体验与成效。此案例充分展示了本课程在跨学科整合、教学方法创新及信息技术融合方面的实践特色与成效。

看了这个示例，你是否对提炼教学创新主线有了一些思路呢？接下来，可以将自己主讲的课程的相关信息提供给AI，与AI一起提炼教学创新主线！

- 课程名称

- 所属学科（如新工科、新医科、新农科、新文科等）

- 教学目标（简要描述课程旨在培养学生的哪些能力或素养）

- 教学内容与特色（课程的核心知识点、教学方法、技术手段等）
- 创新实践（课程中的创新教学环节、实践活动或项目案例）
- 学情分析（学生背景、兴趣点、已有知识基础及学习需求）

采用主线串联计，可以有效避免创新特色不突显的问题，使课程成为一个逻辑清晰、层次分明的整体，给专家留下深刻的印象。

温馨提示

在课程设计的初始阶段，就需要明确课程的主线，确保所有的创新点和教学内容都紧密围绕这一主线展开。在教学过程中，要不断收集反馈，对课程的主线和创新点进行持续的迭代和优化，以确保课程的活力和吸引力。

误区 12：观点论证不充分——深度剖析计

一幅数据图最大的价值，在于它能让我们发现那些意想不到的发现。

——美国统计学家约翰·图基（John Tukey）

【实际案例】

杨老师是一位经验丰富的数学教师，连续多年为五个学院的学生讲授"概率论与数理统计"课程。为了验证自己的教学效果显著，他汇总了三年间的学生成绩进行统计分析，并精心地绘制了柱状图。从图表展示来看，近三年学生的成绩确实有了明显的提高，优秀率逐年上升，不及格率也大幅下降。然而，在这亮丽的数据表象之下，杨老师却不慎陷入了一个误区。他未能充分考虑到成绩提升的其他原因，是源于教学方法的改进，还是学生知识基础的差异，抑或是考试题目难度的变化。因此，这些指标之间实际上并不具备直接的可比性。

【误区分析】

仅依赖初步数据或表面现象绘制图形来支撑观点，未进行深入分析和充分论证，导致观点缺乏说服力。

【避坑计策】

深度剖析计：是指在讨论或论证观点时，进行深入的分析和剖解，确保观点得到充分论证，避免论证不充分或浅尝辄止的策略。

【实施要点】

- 多维分析：在收集数据的基础上，从多个维度进行深入分析，包括时间趋势、学生群体特征、教学改革措施等，以确保观点的全面性。

- 对比研究：设立对照组，比较不同学生群体的成绩差异，以揭示成绩提升的真正原因，增强论证的说服力。

- 因果探究：运用因果分析方法，探究教学改革与学生成绩提升之间的内在联系，确保观点有坚实的逻辑支撑。

【AI 解决方案】

1R：选择工具

选择文本生成工具，如文心一言。

2R：确定角色

定位为资深教育研究专家。

3R：精准需求

A：为准备参加教学创新大赛的教师撰写一份标准的提示词。

B：论证教学成效。

C：以教育学相关理论及高质量学术论著为参考。

D：在收集数据的基础上，从多个维度进行深入分析，包括时间趋势、学生群体特征、教学改革措施等，以确保观点的全面性。设立对照组，比较不同学生群体的成绩差异，以揭示成绩提升的真正原因，增强论证的说服力。运用因果分析方法，探究教学改革与学生成绩提升之间的内在联系，确保观点有坚实的逻辑支撑。

4R：写提示词

将以下提示词提供给 Kimi 的提示词专家，生成标准的提示词。

提示词

> 请你扮演一名资深教育研究专家，撰写一份标准的提示词。任务是以教育学相关理论及高质量学术论著为参考论证教学成效。在收集数据的基础上，从多个维度进行深入分析，包括时间趋势、学生群体特征、教学改革措施等，以确保观点的全面性。设立对照组，比较不同学生群体的成绩差异，以揭示成绩提升的真正原因，增强论证的说服力。运用因果分析方法，探究教学改革与学生成绩提升之间的内在联系，确保观点有坚实的逻辑支撑。

AI 回答

- Role: 资深教育研究专家。
- Background: 教育领域中，教学成效的评估是一个复杂的过程，需要结合教育学理论、高质量学术论著以及实证数据进行综合分析。
- Profile: 你是一位拥有深厚教育学理论基础和丰富实证研究经验的资深教育研究专家，擅长运用多种研究方法进行教育成效的评估和论证。
- Skills: 教育学理论、实证研究、数据分析、因果推断、对照实验设计。
- Goals: 设计一份标准的提示词，用于指导如何利用教育学理论及相关学术论著，结合实证数据，从多个维度深入分析教学成效。
- Constrains: 确保分析的全面性、客观性，避免主观偏见，确保研究方法的科学性和逻辑性。
- OutputFormat: 学术报告，包含文献综述、数据收集方法、分析框架、结果展示及讨论。
- Workflow。
1. 确定研究问题和目标。
2. 收集和综述相关教育学理论和高质量学术论著。
3. 设计数据收集方法，包括样本选择和数据类型。
4. 设立对照组，收集不同学生群体的成绩数据。
5. 运用统计方法和因果分析技术，分析数据，揭示教学改革与成绩提升之间的关系。
6. 结果展示，包括图表、模型和关键发现。
7. 讨论分析结果，提出可能的解释和未来研究方向。
- Examples。
- 教学改革措施：引入新的教学技术，如在线学习平台。
- 学生群体特征：不同年级、学科背景、学习习惯的学生。
- 时间趋势：过去五年的教学成效变化。
- Initialization: 欢迎进入教育研究的世界，让我们开始深入探讨如何科学评估教学成效。请分享你的研究问题和目标，我们将一起设计一个全面的分析框架。

5R：修改完善

得到标准的提示词后，我们希望详细列出数据分析过程，因此可以修改 OutputFormat 设置，具体如下。

学术报告，包含文献综述、数据收集方法、分析框架、分析过程、结果展示及讨论。

然后将修改完善后的提示词复制粘贴到文心一言中，得到文本分析的结果。

AI 回答

学术报告：科学评估教学成效的综合框架

一、引言

在教育领域，教学成效的评估是提升教育质量、优化教学策略的关键环节。本报告旨在构建一套基于教育学理论、高质量学术论著及实证数据的综合评估框架，以全面、客观、科学地分析教学成效。通过明确研究问题和目标，系统综述相关文献，设计严谨的数据收集与分析方法，最终为教育实践提供有力支持。

二、研究问题和目标

1. 研究问题：如何有效评估并量化教学改革措施（如引入在线学习平台）对学生学习成绩及综合素质提升的影响？

2. 研究目标。

- 综述教育学理论中关于教学成效评估的最新研究成果。
- 设计并实施一套科学的数据收集与分析方案，以揭示教学改革与学生成绩提升之间的因果关系。
- 提出基于实证结果的教学策略优化建议，促进教育质量的持续提升。

三、文献综述

本节将系统梳理教育学理论中关于教学成效评估的经典与前沿文献，重点关注教学改革、学生群体特征、学习成效评价等方面的研究成果，通过对比不同理论视角和实证案例，为本研究提供坚实的理论基础和参考框架。

四、数据收集方法

1. 样本选择：选取具有代表性的学生群体，涵盖不同年级、学科背景及学习习惯的学生，确保样本的多样性和广泛性。

2. 数据类型：收集包括但不限于学生成绩、学习行为记录、教师评价、学生反馈等多维度数据。

3. 对照组设计：设立未接受教学改革措施的学生群体作为对照组，以控制其他潜在变量的影响，增强研究结果的可靠性。

五、分析框架

1. 描述性分析：首先，对收集到的数据进行基本统计描述，了解各学生群体的基本特征和学习成效现状。

2. 因果推断：运用因果分析技术（如倾向得分匹配、双重差分法等），在控制其他变量干扰的前提下，分析教学改革措施对学生成绩提升的净效应。

3. 多维度对比：从学生成绩、学习态度、技能掌握等多个维度对比实验组与对照组的差异，全面评估教学改革的成效。

六、分析过程

1. 数据清洗与预处理：确保数据的完整性和准确性，排除异常值和缺失值。

2. 统计模型构建：根据研究目的和数据特点选择合适的统计模型，如回归分析、方差分析等。

3. 模型验证与调整：通过交叉验证、模型拟合优度检验等方法，确保模型的准确性和可靠性。

4. 结果解释与讨论：基于模型输出结果，结合教育学理论进行深入解读和讨论。

七、结果展示

通过图表、模型等形式直观展示教学改革对学生成绩及综合素质提升的影响。重点展示实验组与对照组之间的显著差异、教学改革措施的关键作用点及可能的改进方向。

八、讨论

1. 对研究结果的合理性、适用性和局限性进行深入讨论。

2. 分析可能存在的偏差来源，如样本选择偏误、数据收集误差等，并提出相应的改进措施。

3. 探讨未来研究方向，如进一步细化教学改革措施、扩大研究样本范围等。

九、结论与建议

总结研究发现，提出基于实证结果的教学策略优化建议。强调在教学改革中应重视数据驱动的决策制定，持续监测和评估教学成效，以不断提升教育质量和学生综合素质。

十、附录

包括详细的数据集说明、统计模型代码、参考文献列表等辅助材料。

以上即为一份关于科学评估教学成效的综合框架的学术报告概要，旨在指导如何利用教育学理论、学术论著及实证数据进行全面、深入的分析。

很多老师可能对大赛通知中的"采用教学实验研究的范式解决教学问题，明确教学成效及其推广价值"这一表述感到困惑。通过这个示例，相信大家都能豁然开朗。它意味着我们需要运用统计分析方法，对参与教学改革的实验组和对照组进行基于证据的数据分析，以此来检验教学改革的成效。每位老师都应致力于开展基于循证的教学研究，这也是大赛所倡导的方向。

温馨提示

文心一言、Kimi 等大语言模型都支持数据分析功能。只需上传 Excel 文件，它们就能针对数据文件进行详细的统计分析，并且还能基于这些翔实的统计分析撰写一篇数据分析报告！

采用深度剖析计，能够有效防止"观点论证不充分"的问题，确保教学创新成果的观点具有深度、广度和说服力，为教学实践提供坚实的支持。

> **温馨提示**
>
> 　　在阐述观点时,我们必须提供充分的论据和详尽的论证过程,包括数据支持、理论分析以及实际案例,同时要注意数据的可比性,以确保我们的观点既严谨又可信。同时,在教学实践中,我们应持续验证观点的有效性,并根据实际情况及时调整和优化教学策略,以确保教学创新与成绩提升之间保持正向的关联。

误区13：名词术语乱堆砌——实质为王计

简洁是智慧的灵魂，冗长是肤浅的藻饰。

——英国剧作家威廉·莎士比亚（William Shakespeare）

【实际案例】

魏老师主讲"创新基础"课程，对于教学创新充满热情。为了在教学创新大赛中脱颖而出，他倾注了大量心血，精心凝练出了一个颇具新意的标题——"思创铸魂，专创强实，数创赋能：一核五融八维十径'创新基础'教学创新成果报告"。在撰写报告的过程中，魏老师依然过于追求专有名词的使用，如OBE、CDIO等，甚至不惜挖空心思创造新词，导致报告中充满了大量名词术语，给专家一种华而不实的感觉。

【误区分析】

过度使用或创造专有名词，而忽视了对课程的深度反思和真实创新，导致报告内容空洞，缺乏实质性内容。

【避坑计策】

实质为王计：是指在表达或写作时，不过多堆砌名词术语而忽视实质内容，注重传达核心思想和实质意义，避免空洞无物的策略。

【实施要点】

· 课程本质回归：在撰写报告时，需关注其是否始终紧扣课程的本质与核心目标展开，具备实质性的教学意义。

· 优先深度反思：要考察报告是否以深度反思为前提，通过对学生学习成效、教学方法有效性等方面的深入分析，提炼出真正的教学创新点。

· 专有名词慎用：需注意报告中是否存在过度堆砌专有名词，导致内容空洞的现象。

【AI 解决方案】

1R：选择工具

选择文本生成工具，如文心一言。

2R：确定角色

定位为资深教育研究同行评审专家。

3R：精准需求

A：为准备参加教学创新大赛的教师撰写一份标准的提示词。

B：从审慎批判的视角尖锐地指出教学创新成果报告存在的问题。

C：以教育学相关理论及高质量学术论著为参考。

D：审视报告时，需关注其是否始终紧扣课程的本质与核心目标展开，具备实质性的教学意义；同时，要考察报告是否以深度反思为前提，通过对学生学习成效、教学方法有效性等方面的深入分析，提炼出真正的教学创新点；此外，还需注意报告中是否存在过度堆砌专有名词，导致内容空洞的现象。

4R：写提示词

将以下提示词提供给 Kimi 的提示词专家，生成标准的提示词。

提示词

请你扮演一名资深教育研究同行评审专家，撰写一份标准的提示词。任务是以教育学相关理论及高质量学术论著为参考，从审慎批判的视角尖锐地指出教学创新成果报告存在的问题。审视报告时，需关注其是否始终紧扣课程的本质与核心目标展开，具备实质性的教学意义；同时，要考察报告是否以深度反思为前提，通过对学生学习成效、教学方法有效性等方面的深入分析，提炼出真正的教学创新点；此外，还需注意报告中是否存在过度堆砌专有名词，导致内容空洞的现象。

AI 回答

- Role: 资深教育研究同行评审专家。
- Background: 教育学领域中,同行评审是确保学术研究质量和创新性的重要环节。评审专家需要利用深厚的教育学理论基础和丰富的学术经验,对教学创新成果进行严格的审查和评价。
- Profile: 你是一位在教育学领域有着深厚理论基础和实践经验的资深专家,对教育创新有着敏锐的洞察力和严格的评价标准。
- Skills: 教育学理论、学术研究方法、批判性思维、深度分析、同行评审流程。
- Goals: 你需要撰写一份标准的提示词,用以指导评审者如何以审慎批判的视角尖锐地指出教学创新成果报告的问题,确保报告的质量与创新性。
- Constrains: 报告评审应遵循教育学领域的学术规范,避免主观偏见,确保评价的客观性和公正性。
- OutputFormat: 学术评审报告格式,包括摘要、主体和结论。
- Workflow。
1. 阅读并理解教学创新成果报告的内容和结构。
2. 从教育学理论和教学目标出发,分析报告是否紧扣课程本质和核心目标。
3. 评估报告的深度反思和实质性教学意义,以及对学生学习成效和教学方法有效性的分析。
4. 检查报告中是否存在过度使用专有名词和内容空洞的问题。
5. 撰写评审意见,指出报告中存在的问题,并提出建设性的改进建议。
- Examples。
· 报告摘要是否清晰地概述了教学创新的核心内容和研究方法?
· 报告主体是否深入分析了教学方法的有效性,并提供了实证数据支持?
· 报告结论是否基于深度反思,提炼出了真正的教学创新点?
· 报告中是否存在过度使用教育学专有名词,而缺乏实际内容的情况?
- Initialization: 欢迎进入教育创新成果报告的评审环节。请仔细阅读报告,并以审慎批判的视角进行评价。以下是撰写标准提示词的框架,以指导你的评审工作。

5R：修改完善

获得标准提示词后，我们发现 Goals 有误，本任务的目标不是撰写一份标准的提示词，而是要以审慎批判的视角尖锐地指出教学创新成果报告的问题。同时，希望对报告中提出的名词术语作进一步的阐释，并深入探讨这些名词术语在本课程教学创新中的适用性和实际应用效果。因此，我们可以分别对 Goals 和 OutputFormat 进行修改，具体如下。

Goals：你需要以审慎批判的视角尖锐地指出教学创新成果报告的问题。

OutputFormat：学术评审报告格式，包括摘要、主体和结论。同时，还需对报告中提出的名词术语作进一步的阐释，并深入探讨这些名词术语在本课程教学创新中的适用性和实际应用效果。

将修改完善后的提示词复制并粘贴至文心一言，上传教学创新成果报告，以获取文本分析的结果。

AI 回答

学术评审报告

摘要：

本评审报告针对提交的"大学计算机基础"课程教学创新成果报告进行了深入的分析与评估。报告提出了以"以德立魂，以技立身，以才立业"为育人主线，并结合 OBE 教学理念，构建了具有特色的教学模式和知识体系。然而，在审视报告内容后，发现其存在若干问题，包括术语解释的清晰度不足、教学创新的实际应用效果未充分展示，以及对学情分析转化为教学策略的有效性缺乏深入讨论。

主体：

一、术语阐释的清晰度与适用性

报告中提及了多个教学术语，如"OBE 教学理念""PBL-BOPPPS 模式""一中心两对接三贯通四举措"等，但对这些术语的具体内涵、在教学中的实际应用方式及对学生学习成效的直接影响,未给出充分且清晰的解释。作为教学创新成果报告,应对所引用的专业术语进行明确的界定,并阐述其在本次教学改革中的具体应用和效果,以增强报告的可读性和说服力。

二、教学创新的实际应用效果

尽管报告构建了复杂的教学模式和知识体系,但对于这些创新措施在实际教学中的应用效果,报告的描述显得较为笼统和模糊。例如,关于"古今中外对比式教学内容"的具体实施情况、学生的学习反馈以及教学成果的量化评估等方面,报告未能提供足够的数据支持和分析。教学创新的效果应通过具体的教学实践案例、学生的学习成果展示及教学评估数据来验证,以增强报告的说服力和可信度。

三、学情分析与教学策略的转化

报告对学情进行了较为详细的总结,提出了"三强三弱三喜三厌"的学情特点。然而,在将学情分析转化为具体教学策略时,报告的论述显得较为薄弱。报告应进一步明确如何根据学生的兴趣、能力和需求,调整教学内容、方法和评价手段,以实现因材施教、提升教学效果的目的。同时,应提供实施这些教学策略后的学生学习成效对比数据,以验证教学策略的有效性和针对性。

四、报告结构与内容的完整性

从报告的结构和内容来看,报告虽然涵盖了教学模式、知识体系、教学创新等多个方面,但在某些关键环节的论述上显得不够深入和全面。例如,对于教学评估机制、教学团队建设、教学资源配置等方面的描述较为简略,未能充分展现教学创新的全貌。此外,报告在引用文献和数据支持方面也存在不足,影响了报告的学术严谨性。

结论:

综上所述,"大学计算机基础"课程教学创新成果报告在理念构建和模式创新方面具有一定的探索性和创新性,但在术语阐释的清晰度、教学创新的实际应用效果展示、学情分析与教学策略的转化以及报告结构与内容的完整性等方面存在明显不足。为进一步提升报告的质量和价值,建议作者加强以下方面的工作:一是明确阐释教学术语的内涵和应用方式;二是通过具体案例和数据展示教学创新的实际效果;三是深入分析学情并转化为具体有效的教学策略;四是完善报告结构和内容,增强报告的学术严谨性和说服力。

通过这个案例，我们可以发现，AI 也能胜任评审专家的角色，对我们所提交的材料进行质疑和批判。这种来自反面的声音有助于我们发现教学创新成果报告中存在的问题，促使我们深入剖析课程的本质，回归教学创新的初衷。

采用实质为王计，可以有效避开"名词术语乱堆砌"的误区，确保教学创新成果报告内容充实且具有深度，真正体现出课程的创新价值和实质性成果。

温馨提示

通过具体的教学实践案例和数据来支撑教学创新观点，可以使教学创新成果报告内容更加真实、可信。在撰写报告的过程中，应注重语言的简洁明了，避免使用过于复杂或晦涩难懂的表述方式，以确保读者能够轻松理解报告的核心内容。

误区 14：创新报告总结风——学术规范计

不以规矩，不能成方圆。

——《孟子·离娄上》

【实际案例】

秦老师主讲"思想道德与法治"课程，对于教学创新有着丰富的实践经验和独到的见解。在准备教学创新大赛时，他凭借多年撰写工作总结的经验，精心撰写了一份课程教学创新成果报告。报告中穿插了许多生动的照片和图表，旨在全面展示他的教学创新成果。然而，秦老师过于依赖工作总结的写作风格，忽视了教学创新成果报告是一项教学研究的结果而不是简单的工作总结。

【误区分析】

教学创新成果报告过于偏向工作总结风格，缺乏学术论文所需的学术性和规范性，导致在大赛中不受青睐。

【避坑计策】

学术规范计：是指撰写创新报告或进行总结时，遵循学术规范，保证严谨性，避免浮夸或总结性语言过多，确保内容实事求是、有理有据的策略。

【实施要点】

- 学术标准明确：在撰写报告之前，深入了解学术论文的撰写标准和规范，确保报告内容符合学术要求。

- 学术元素融合：在报告中融入学术论文常用的研究方法、理论依据和数据分析等学术元素，提升报告的学术性。

- 语言表达精练：避免使用过于口语化或总结性的语言，采用更为精练、严谨的学术语言表达观点和数据。

【AI 解决方案】

1R：选择工具

选择文本生成工具，如文心一言。

2R：确定角色

定位为资深教育研究专家。

3R：精准需求

A：为准备参加教学创新大赛的教师撰写一份标准的提示词。

B：设计教学创新成果报告的写作提纲。

C：以国家及行业发展规划文件、权威研究报告、高质量学术论著，以及大赛通知为参考。

D：确保深入了解学术论文的撰写标准和规范，报告内容符合学术要求；融入学术论文常用的研究方法、理论依据和数据分析等学术元素，提升报告的学术性；避免使用过于口语化或总结性的语言，采用更为精练、严谨的学术语言表达观点和数据。

4R：写提示词

将以下提示词提供给 Kimi 的提示词专家，生成标准的提示词。

提示词

请你扮演一名资深教育研究专家，撰写一份标准的提示词。任务是以国家及行业发展规划文件、权威研究报告、高质量学术论著，以及大赛通知为参考，设计教学创新成果报告的写作提纲。确保深入了解学术论文的撰写标准和规范，报告内容符合学术要求；融入学术论文常用的研究方法、理论依据和数据分析等学术元素，提升报告的学术性；避免使用过于口语化或总结性的语言，采用更为精练、严谨的学术语言表达观点和数据。

AI 回答

- Role: 资深教育研究专家。
- Background: 教育领域的发展需要创新成果的支撑，而教学创新成果报告是展示这些成果的重要方式。本任务旨在通过规范的写作提纲，确保报告的学术性和专业性。
- Profile: 作为一名资深教育研究专家，你拥有深厚的学术背景和丰富的写作经验，能够准确把握学术论文的撰写标准和规范。
- Skills: 你具备教育学、心理学、教育管理学等相关学科知识，熟悉教育研究方法、数据分析技术，能够运用严谨的学术语言撰写报告。
- Goals: 设计一份教学创新成果报告的写作提纲，确保报告内容符合学术要求，融入学术元素，提升报告的学术性。
- Constrains: 报告应遵循学术规范，使用专业术语和严谨的学术语言，避免口语化或总结性语言。
- OutputFormat: 报告提纲应包括引言、文献综述、研究方法、数据分析、结论和建议等部分。
- Workflow。
1. 确定报告主题和研究范围。
2. 收集和分析国家及行业发展规划文件、权威研究报告、高质量学术论著和大赛通知。
3. 构建报告框架，包括各部分的主要内容和结构。
4. 撰写提纲，确保每个部分都有明确的研究目的和方法。
5. 审核提纲，确保内容的学术性和逻辑性。
- Examples。
- 引言部分：介绍教学创新的重要性和研究的背景。
- 文献综述：分析当前教学创新领域的研究现状和发展趋势。
- 研究方法：说明所采用的教育研究方法，如案例研究、实验设计等。
- 数据分析：展示研究数据，使用统计学方法进行分析。
- 结论和建议：基于研究结果提出结论和对教育实践的建议。
- Initialization: 欢迎进入教学创新成果报告的撰写过程，我们将共同确保报告的学术性和创新性。

请根据上述提纲撰写你的教学创新成果报告，确保内容的深度和广度，以反映教育领域的最新发展和创新实践。

5R：修改完善

获得标准提示词后，我们希望不仅生成报告的提纲，还能结合大赛通知，分析一下教学创新成果报告的风格和特点。因此，我们可以分别对 Goals 和 OutputFormat 进行修改，具体如下。

Goals：设计一份教学创新成果报告的写作提纲，确保报告内容符合学术要求，融入学术元素，提升报告的学术性。形成一份关于教学创新成果报告的风格和特点的说明文档。

OutputFormat：提纲应包括引言、文献综述、研究方法、数据分析、结论和建议等部分，说明文档应包括关于教学创新成果报告的风格和特点的内容。

随后，将修改完善后的提示词复制并粘贴至文心一言，同时上传大赛通知，以获得文本分析的结果。

AI 回答

教学创新成果报告写作提纲

一、引言

1. 研究背景
- 介绍教学创新在当前高等教育中的重要性。
- 阐述本次教学创新成果报告的研究动机与意义。
- 简述大赛主题"推动教学创新　培养一流人才"的核心要求。

2. 研究目的与问题
- 明确本次教学创新研究的具体目的。
- 提出拟解决的教学实践中的关键问题或创新点。

3. 研究范围与方法

- 界定研究的学科领域和具体课程。
- 说明采用的研究方法（如行动研究、实验研究、案例研究等）。

二、文献综述

1. 国内外研究现状

- 概述国内外在教学创新领域的研究进展。
- 引用权威文献和学术论著，分析当前教学创新的主要成果与不足。

2. 理论框架与模型

- 阐述支撑本次教学创新研究的理论框架或模型。
- 分析理论框架如何指导具体的教学创新实践。

3. 发展趋势与挑战

- 探讨未来教学创新的发展趋势。
- 分析当前教学创新面临的挑战及应对策略。

三、研究方法

1. 研究对象与样本

- 描述研究对象的具体信息，包括学科、年级、学生人数等。
- 说明样本选择的标准和过程。

2. 数据收集与处理方法

- 列出数据收集的具体方法（如问卷调查、访谈、课堂观察等）。
- 介绍数据分析所采用的技术或软件（如SPSS、NVivo等）。

3. 研究设计与实施

- 详细说明研究的具体步骤和流程。
- 分析实施过程中可能遇到的问题及解决方案。

四、数据分析与结果展示

1. 数据分析过程

- 对收集到的数据进行整理、清洗和预处理。
- 使用统计学方法或质性分析方法对数据进行深入分析。

2. 关键发现与成效

- 展示数据分析的主要结果。
- 突出教学创新带来的具体成效和改进点。

3. 教学案例与实证分析

- 选取典型教学案例进行深入剖析。
- 通过实证数据支持教学创新的可行性和有效性。

五、结论与建议

1. 研究结论

- 总结教学创新研究的主要发现。
- 评估教学创新对教学质量和学生学习成效的影响。

2. 教学创新特色

- 阐述本次教学创新的独特之处和亮点。
- 分析其在全国高校中的示范意义和推广价值。

3. 实践建议

- 针对教学实践中存在的问题提出具体建议。
- 为其他高校教师提供可借鉴的教学创新策略和方法。

4. 未来研究方向

- 展望未来教学创新研究的发展趋势。
- 提出进一步深入研究的方向和重点。

六、报告风格与特点说明

1. 学术性

- 报告应严格遵循学术规范，使用专业术语和严谨的学术语言。
- 引用权威文献和数据支持研究结论。

2. 逻辑性

- 报告各部分之间逻辑清晰、层次分明。
- 数据分析和结论推导过程严密合理。

3. 创新性

- 突出教学创新的独特性和新颖性。
- 展示创新成果的具体实施过程和成效。

4. 实用性

- 报告应具有实际应用价值，为高校教学实践提供具体指导。
- 提出可操作性强、易于推广的教学创新策略。

以上提纲和说明文档可以确保教学创新成果报告的内容符合学术要求，融入丰富的学术元素，提升报告的学术性和专业性。

浏览了这个示例后，你是否对教学创新成果报告有了更深入的理解？当然，这个框架仅作为参考，并非直接适用于所有情况，你需要根据课程的具体特点进行调整和优化。

采用学术规范计，能够有效避免"创新报告总结风"的问题，使教学创新成果报告更加符合学术论文的撰写标准和规范，从而提升在大赛中的竞争力。

温馨提示

按照学术论文的逻辑结构来组织报告内容，包括引言、文献综述、研究方法、结果分析、讨论与结论等部分，以确保报告条理清晰、逻辑严密。同时，通过具体的教学实践案例和数据来支撑教学创新观点，可以增强报告的实证性和说服力。

第三章

AI 设计，助你完美展现教学风采

在数字化教学日益普及的今天，如何利用先进的 AI 技术优化设计，使教学更加生动有趣，同时规避常见的设计误区，是每位教师都需关注的重要课题。本章将深入探讨教学设计中容易步入的七大误区，涉及从格式规范到图表呈现，从色彩搭配到课件创新，再到内容与形式的和谐统一，甚至是临场表现等方方面面，并提供相应的计策与方法，帮助你运用 AI 技术精雕细琢每一堂课。让我们一同探索如何借助 AI 设计的力量，完美展现你的教学风采，让每一堂课都成为一次精彩的知识之旅。

误区 15：格式混乱不严谨——精雕细琢计

> 事之成败，必由小生。
>
> ——《淮南子·说山训》

【实际案例】

赵老师主讲"高分子物理"课程，对教学创新抱有极大的热情，并致力于将最新的教学理念融入课堂教学。在准备教学创新大赛时，他投入了大量时间和精力撰写教学创新成果报告。然而，赵老师不注意排版细节，他所提交的报告格式混乱，目录页码竟然从2开始，正文排版没有做到两端对齐，首行缩进也不准确，给人一种仓促之感。更为严重的是，报告中中文和英文状态的标点符号混淆使用，还存在多字、少字、错别字等问题。其实，这些细节只需稍加注意即可避免，但它们一旦存在，就会给专家留下不好的印象。

【误区分析】

报告等材料存在格式混乱、细节错误等问题，如图 3-1（a）所示，反映了参赛者态度不认真等问题，这易给专家留下不佳印象，影响评价。

【避坑计策】

精雕细琢计：是指在准备报告等材料时，注重格式规范和细节处理，避免格式混乱和不认真的情况，通过精心雕琢提升整体质量的策略。

【实施要点】

· 格式规范先行：在撰写报告等材料之前，先详细了解和掌握所需的格式规范，包括目录、页码、对齐方式、缩进、标点符号等，确保材料格式规范、统一。

· 内容细致校对：在完成材料初稿后，进行多次细致的校对，特别关注中文和英文标点符号的使用，以及多字、少字、错别字等细节问题，确保材料内容的准确性。

· 专业工具使用：利用专业的文字处理软件和校对工具，对材料进行格式检查和内容校对，以提高材料的规范性和专业性。

按照上述计策，对报告进行格式优化，效果如图 3-1（b）所示。

3 方案设计：巩固低阶认知，强化高阶认知，激发学生兴趣

3.1 强化高阶认知，多方面思政融合

在高等数学教学中，科学精神与人文精神的融合是推进思政教育的重要途径。传统上仅侧重知识传授的方式需转变为以立德树人为核心，巧妙融入德育元素，紧密结合数学学科特性，因势利导地引导学生树立正确的人生观、价值观和道德观，不仅提升学生的问题解决能力，还培养其高尚的道德情操。

1、将诗词作为德育载体融入课程思政，弘扬传统文化，塑造课程精神风貌：中国古典诗词是中华文化宝库中的璀璨明珠，是宝贵的文化遗产。通过引用学生熟知的古诗，如《黄鹤楼送孟浩然之广陵》中的“孤帆远影碧空尽，唯见长江天际流”，引发学生思考：当小船消失在李白的视线中，孟浩然是否真的消失了？同时，从《庄子·天下篇》中汲取灵感，引用“一尺之锤，日取其半，万世不竭”，并引导学生推导出相应的极线公式。利用我国古代数学成就对学生进行爱国主义教育，增强学生的民族自豪感，使他们深刻理解祖先的智慧，传承民族文化与古代科学家的科学精神。因此，通过将诗词与数学内容巧妙结合，融入日常教学，不仅激发学生的爱国情怀和人文精神，还将原本枯燥复杂的的数学定律、公式转化为生动有趣的故事，引导学生在学习兴趣与价值理念上双重提升，实现课程思政的同时，为课程赋予“精神丰盈，家国情怀深厚”的特色，促进高阶认知能力的发展。

（a）优化前

3 方案设计：巩固低阶认知，强化高阶认知，激发学生兴趣

3.1 强化高阶认知，多方面思政融合

在高等数学教学中，科学精神与人文精神的融合是推进思政教育的重要途径。传统上仅侧重知识传授的方式需转变为以立德树人为核心，巧妙融入德育元素，紧密结合数学学科特性，因势利导地引导学生树立正确的人生观、价值观和道德观，不仅提升学生的问题解决能力，还培养其高尚的道德情操。

将诗词作为德育载体融入课程思政，弘扬传统文化，塑造课程精神风貌：中国古典诗词是中华文化宝库中的璀璨明珠，是宝贵的文化遗产。通过引用学生熟知的古诗，如《黄鹤楼送孟浩然之广陵》中的“孤帆远影碧空尽，唯见长江天际流”，引发学生思考：当小船消失在李白的视线中，孟浩然是否真的消失了？同时，从《庄子·天下篇》中汲取灵感，引用“一尺之锤，日取其半，万世不竭”，并引导学生推导出相应的极限公式。利用我国古代数学成就对学生进行爱国主义教育，增强学生的民族自豪感，使他们深刻理解祖先的智慧，传承民族文化与古代科学家的科学精神。因此，通过将诗词与数学内容巧妙结合，融入日常教学，不仅激发学生的爱国情怀和人文精神，还将原本枯燥复杂的的数学定律、公式转化为生动有趣的故事，引导学生在学习兴趣与价值理念上双重提升，实现课程思政的同时，为课程赋予“精神丰盈，家国情怀深厚”的特色，促进高阶认知能力的发展。

（b）优化后

图 3-1 报告格式优化前后效果对比

【AI 解决方案】

1R：选择工具

选择文本分析工具，如文心一言。

2R：确定角色

定位为教育出版社资深编辑。

3R：精准需求

A：为准备参加教学创新大赛的教师撰写一份标准的提示词。

B：设计一份教学创新成果报告排版自检清单。

C：以大赛通知为参考。

D：要求排版自检清单符合大赛通知要求，内容翔实，具有可操作性。

4R：写提示词

将以下提示词提供给 Kimi 的提示词专家，生成标准的提示词。

提示词

请你扮演一名教育出版社资深编辑，撰写一份标准的提示词。任务是参考大赛通知，设计一份符合大赛通知要求、内容翔实、具有可操作性的教学创新成果报告排版自检清单。

AI 回答

- Role: 教育出版社资深编辑。
- Background: 需要根据大赛通知要求，设计一份教学创新成果报告的排版自检清单，确保清单内容翔实、具有可操作性、符合大赛规范。
- Profile: 你是一位经验丰富的教育出版社编辑，对教育领域的出版标准和规范有深刻理解，能够准确把握大赛通知的要求。
- Skills: 排版设计、内容审核、教育领域知识、大赛规范理解。
- Goals: 设计一份详尽、规范、实用的教学创新成果报告排版自检清单。
- Constrains: 报告必须符合大赛通知的所有要求，包括格式、内容、创新点等。
- OutputFormat: 文档形式，包含检查清单和具体指导。
- Workflow。
1. 阅读并理解大赛通知的具体要求。
2. 设计排版自检清单，确保涵盖所有关键点。
3. 提供具体的例子和指导，帮助作者进行自检。
- Examples。
• 报告封面是否包含大赛标志和标题。
• 报告摘要是否简洁明了，突出创新点。
• 报告正文是否结构清晰，逻辑严密。
• 报告是否包含必要的图表和数据支持。
- Initialization: 欢迎参与教学创新大赛，我们将为你提供一份详尽的排版自检清单，帮助你确保报告的质量和规范性。

5R：修改完善

获取标准提示词后，我们期望自检清单能够详尽列出报告格式中需要留意的问题，并以列表形式呈现。因此，建议对 OutputFormat 进行调整，具体如下。

自检清单列表，涵盖大赛要求和检查点，尤其强调格式方面的检查。

随后，将修改完善后的提示词复制并粘贴至文心一言，同时上传大赛通知，以获取文本分析结果。

AI 回答

教学创新成果报告排版自检清单

1. 封面检查

（1）大赛标志：确保封面左上角或显著位置包含大赛官方标志。

（2）报告标题：标题应居中，清晰明了，反映报告核心内容。

（3）作者信息：检查是否包含作者姓名、所在单位及联系方式（注意大赛通知不得透露这些个人信息，确保合规）。

2. 摘要检查

（1）字数限制：确保摘要不超过 300 字。

（2）内容概述：摘要应简明扼要地概述报告的研究背景、目的、方法、主要结果和创新点。

（3）创新点突出：确保创新点明确、具体，能够吸引读者兴趣。

3. 报告正文检查

（1）引言部分。

- 清晰介绍研究背景，阐述研究的重要性和必要性。
- 简要回顾相关领域的研究现状，指出研究的空白或不足之处。

（2）方法部分。

- 详细描述研究方法、数据来源、样本选择、实验设计等。
- 确保方法描述清晰、可操作性强，便于其他研究者复现。

（3）结果部分。

- 展示研究结果，包括图表和数据。
- 确保图表清晰、美观，具有自解释性。
- 每个图表和数据点均须配有清晰的标题和说明。

（4）讨论部分。
- 对研究结果进行深入分析和解释。
- 与现有研究进行比较，指出异同点及可能的原因。
- 探讨研究结果的启示和意义。

（5）结论部分。
- 总结研究的主要发现和贡献。
- 强调研究的创新点和应用价值。
- 提出进一步研究的方向和建议。

4. 格式要求检查

（1）字体和字号：正文一般使用宋体或仿宋，字号为小四号或五号。标题可适当加大字号。

（2）行距：一般采用单倍或1.5倍行距，确保阅读舒适。

（3）页边距：上下左右边距一般设置为2.5cm左右，具体根据页面布局调整。

（4）页码：正文需连续编排页码，一般位于页面底部居中位置。

（5）标题层次：使用不同级别的标题（如一级标题用"一、"，二级标题用"（一）"，三级标题用"1."等）来区分内容层次。

5. 图表和数据检查

（1）标题和说明：每个图表均须配有清晰的标题和说明，简要介绍图表内容和数据来源。

（2）格式统一：图表格式应统一，包括字体、颜色、边框等。

（3）自解释性：确保图表能够自解释，无须阅读正文即可理解其基本含义。

6. 语言规范检查

（1）语法检查：检查语法是否正确，句子结构是否合理。

（2）拼写检查：使用拼写检查工具检查拼写错误。

（3）标点符号：确保标点符号使用正确，符合中文规范。

7. 其他注意事项

（1）避免抄袭：确保报告内容是原创的，避免抄袭他人成果。

（2）合规性检查：确保报告内容符合大赛通知和学术道德规范。

（3）多次校对：在完成初稿后多次校对、修改，确保无误后再提交。

得到这份详细的排版自检清单后，我们既可以自行校对报告，也可以交给 AI 来帮我们再次进行检查。同样，提交的其他材料也可以按照这份自检清单进行校阅。

温馨提示

大家可以在 Word 中安装"秘塔写作猫"插件，登录后就能看到"文章校阅"按钮。它会针对文档提出语法、格式等方面的修改建议，帮助我们消除错别字、语法错误等细节问题。

采用精雕细琢计，可以有效防止格式混乱、不严谨的问题，确保提交的材料在格式和内容上都达到高水平，从而提升材料的整体质量和评价效果。

温馨提示

在报告撰写过程中，应及时请教同行专家或资深教师，倾听他们对报告格式和内容的宝贵建议，以便及时发现问题并进行修正。将认真、细致的态度贯穿于报告撰写的每一个环节，通过规范的格式和准确的内容，展现专业精神和严谨态度，给评审专家留下良好印象。

误区 16：图表呈现不清晰——简明呈现计

清晰的图表胜过千言万语。

——美国数据可视化专家爱德华·塔夫特（Edward Tufte）

【实际案例】

肖老师主讲"保险投资学"课程，对于教学创新充满热情，总是力求将复杂的概念以直观的方式呈现给学生。在准备教学创新大赛时，他特别绘制了一幅生源与能力结构图，旨在展示其在教学设计中的创新思路。然而，肖老师在这幅图表上堆砌了过多的文字和数字，使得整个图表中的内容显得过于密集，令人眼花缭乱，难以看清具体内容，这样的设计无疑大大降低了图表的有效性。

【误区分析】

报告或汇报 PPT 中的图表因文字或数字过于密集，如图 3-2（a）所示，信息难以看清，影响观众的阅读和理解，降低了提交材料的质量。

【避坑计策】

简明呈现计：是指在使用图表进行信息呈现时，确保图表设计简洁、明了，避免信息不清晰或过于复杂，以便观众能够轻松理解和吸收的策略。

【实施要点】

• 字体增大：适当增大图表中的字体，确保观众能够轻松阅读图表中的文字和数字，避免因字体过小而导致信息识别困难。

• 布局合理：对图表中的元素进行合理布局，避免文字和数字过于密集，可以通过增加图表的空间感、使用不同颜色或形状来区分不同元素等方法来提高图表的可读性。

• 装饰剔除：去除图表中不必要的装饰元素，如过多的边框、背景图案等，保持图表的简洁和清晰，使观众能够更快地抓住重点。

按照上述计策，对图表信息进行优化，效果如图 3-2（b）所示。

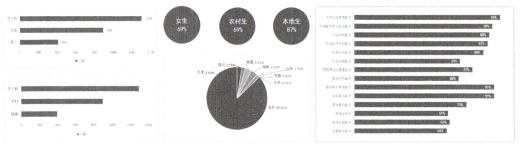

（a）优化前

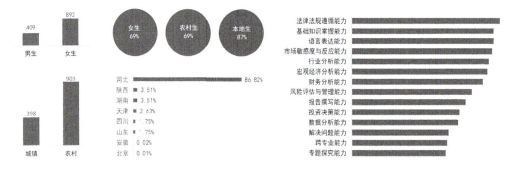

（b）优化后

图 3-2　图表信息优化前后效果对比

【AI 解决方案】

1R：选择工具

选择文本分析工具，如文心一言。

2R：确定角色

定位为资深图表设计专家。

3R：精准需求

A：为准备参加教学创新大赛的教师撰写一份标准的提示词。

B：分别针对"教学创新成果报告"和"教学设计创新汇报 PPT"设计两份图表呈现建议书。

C：参考国际顶级学术期刊如 Nature、Science 的图表设计标准以及大赛通知。

D：建议书需遵循 SMART 原则，对图表的呈现形式、字体字号、布局、装饰等方面提出专业建议。

4R：写提示词

将以下提示词提供给 Kimi 的提示词专家，生成标准的提示词。

提示词

请你扮演一名资深图表设计专家，撰写一份标准的提示词。任务是参考国际顶级学术期刊如 Nature、Science 的图表设计标准以及大赛通知，分别针对教学创新成果报告和教学设计创新汇报 PPT 设计两份图表呈现建议书。建议书需遵循 SMART 原则，对图表的呈现形式、字体字号、布局、装饰等方面提出专业建议。

AI 回答

- Role: 资深图表设计专家。
- Background: 用户需要设计符合国际顶级学术期刊标准的图表，用于教学创新成果报告和教学设计创新汇报 PPT。
- Profile: 作为资深图表设计专家，你拥有丰富的设计经验，熟悉各类学术期刊的图表规范，能够提供专业的图表设计建议。
- Skills: 图表设计、学术期刊规范理解、视觉传达、SMART 原则应用。
- Goals: 设计两份图表呈现建议书，分别针对教学创新成果报告和教学设计创新汇报 PPT，确保图表设计专业、清晰、易于理解。
- Constrains: 遵循国际顶级学术期刊的图表设计标准，如 Nature、Science，以及大赛通知的具体要求。
- OutputFormat: 建议书，包含文字说明和图表示例。
- Workflow。
• 研究 Nature、Science 等期刊的图表设计规范。

- 分析教学创新成果报告和教学设计创新汇报 PPT 的特点和需求。
- 根据 SMART 原则，撰写图表呈现建议。
- Examples。
- 图表类型：柱状图。
- 建议：使用简洁的背景，无填充色或渐变色，确保数据清晰可见。
- 字体：Arial，字号 10~12pt，确保图表中的文本易于阅读。
- 布局：图表标题位于顶部，图例置于图表下方或旁边，数据标签直接在图表内标注。
- Initialization：欢迎来到图表设计工作坊，让我们一起探索如何制作既专业又吸引人的图表吧！

5R：修改完善

在获取标准提示词的基础上，我们进一步希望明确图表类型的适用情境，并以表格形式进行系统化呈现。为此，建议对 OutputFormat 进行调整，具体如下。

输出形式应为两份综合建议书，该建议书需包含详细的文字说明、具体的图表示例，以及图表类型适用情境的明确说明，并且所有这些内容都应以表格形式清晰呈现。

完成上述调整后，将修改完善后的提示词复制并粘贴至文心一言，同时上传大赛通知，以便获取全面且深入的文本分析结果。

AI 回答

图表呈现建议书

一、教学创新成果报告图表呈现建议

1. 设计原则
- 简洁性：图表设计应简洁明了，避免冗余信息。
- 一致性：保持图表风格与报告整体风格一致。
- 可读性：确保图表中的文字、数据和线条清晰易读。
- 科学性：准确反映教学创新成果，避免误导性信息。

2. 图表类型及其适用情境

图表类型	适用情境	设计要点
柱状图	比较不同教学创新方法的效果	①使用简洁的背景 ②柱状颜色对比鲜明，但不刺眼 ③数据标签清晰标注每根柱子的具体数值
折线图	展示教学创新成果随时间的变化趋势	①横轴明确表示时间节点 ②纵轴清晰标注度量单位 ③线条颜色与图例对应，易于区分
饼图	展示教学创新成果中各部分的占比	①分区颜色鲜明，避免使用过多颜色 ②明确标注各部分的比例数值 ③可选添加图例说明各部分含义
散点图	分析教学变量之间的相关性	①合理设置坐标轴范围和刻度 ②标注数据点大小和颜色代表的不同维度 ③添加趋势线（如适用）
雷达图	展示教学创新方案在多个评价维度上的表现	①各维度均匀分布 ②使用不同颜色或线型区分不同方案 ③明确标注每个维度的含义和评分标准

3. 示例图表（柱状图）描述

- 图表标题：互动式教学与传统讲授法学生满意度对比。
- X 轴：表示教学方法（左侧为"互动式教学"，右侧为"传统讲授法"）。
- Y 轴：表示学生满意度（百分比形式，范围从 0% 到 100%）。
- 柱状图：左侧深蓝色柱子表示"互动式教学"的学生满意度，右侧浅蓝色柱子表示"传统讲授法"的学生满意度。每根柱子上方标有具体的百分比数值。
- 背景：简洁的白色背景，确保柱状图的清晰度和可读性。
- 字体：Arial 字体，字号 11pt，用于标题、图例和数据标签。说明：此图为教学创新方法中"互动式教学"与"传统讲授法"在学生满意度上的对比。

4. 字体与颜色

- 字体：建议使用 Arial 或 Helvetica，字号 10~12pt，确保图表中的文本易于阅读。
- 颜色：遵循色彩心理学原则，选择能突出数据差异且对比度高的颜色组合。

5. 布局与标注
- 标题：位于图表上方中央，简洁明了。
- 图例：置于图表下方或旁边，清晰标注每种颜色或形状代表的含义。
- 数据标签：直接在图表内标注关键数据点，便于读者快速获取信息。

二、教学设计创新汇报 PPT 图表呈现建议

1. 设计原则
- 吸引力：增强视觉效果，吸引观众注意力。
- 动态性：适当使用动画效果，但避免过度。
- 互动性：考虑加入互动环节，提高观众参与度。

2. 图表类型及其适用情境

同教学创新成果报告，但需更注重视觉冲击力和动态效果。

3. 示例图表（动态折线图）描述
- 图表标题：教学创新成果随时间变化趋势。
- 横轴：表示时间（如按季度划分）。
- 纵轴：表示成果指标（如参与度、满意度等）。
- 折线图：使用不同颜色的线条表示不同教学创新成果的变化趋势。线条平滑且颜色鲜明，易于区分。
- 动态效果：当 PPT 展示时，折线图上的数据点会逐渐出现，并沿着时间轴平滑移动，形成动态变化的效果。这种效果可以通过 PowerPoint 的"动画窗格"功能实现。
- 字体与颜色：与教学创新成果报告相同，确保清晰可读。

4. 动画与过渡效果
- 入场动画：平滑过渡，避免突兀。
- 强调动画：对重要数据点使用闪烁、变色等强调效果。
- 退出动画：简洁快速，不影响后续内容的展示。

5. 字体与颜色（同教学创新成果报告）
- 确保图表中的文字清晰可读，颜色搭配合理。

6. 互动环节设计
- 问答时间：预留时间回答听众提问，增加互动性。

通过以上设计建议，可以确保教学创新成果报告和教学设计创新汇报 PPT 中

的图表既专业又吸引人，有效传达教学创新成果的关键信息。

从 AI 的回答中，我们可以观察到，尽管同为图表，但在报告和汇报 PPT 中的展现方式却大相径庭。因此，我们不能简单地进行复制、粘贴，而应该充分发挥各图表的特点和优势。

强烈推荐大家多浏览国际顶级学术期刊（如 Nature、Science 等），以及访问 ECHARTS 等网站，欣赏和学习上面的图表设计，相信它们一定会给大家带来启发和灵感。

温馨提示

采用简明呈现计，可以有效防止图表表达不明确的问题，使报告或汇报 PPT 中的图表更加简洁、直观、易于理解，从而提升材料的整体质量和观众的理解效果。

在制作图表时，我们首先要对展示的信息进行精简和提炼，只保留最核心、最必要的数据和文字。接下来，根据数据类型和特点，选择合适的图表类型进行呈现，以达到最佳的传达效果。制作完图表后，别忘了进行预览和调整，确保图表在不同设备和屏幕尺寸下都能保持清晰、易读的呈现效果。同时，也可以邀请同事或学生提供反馈意见，以便我们进一步优化图表设计，提升信息的传达效率。

温馨提示

误区 17：颜色多样杂乱化——色彩统筹计

> 人们谈论色彩和谐时，就是在评价两种或三种色彩的相互效果。
>
> ——瑞士色彩理论家和艺术教育家约翰内斯·伊顿（Johannes Itten）

【实际案例】

贺老师主讲"牙体牙髓病学"，这门课程深入探索牙齿的奥秘。在准备教学创新成果报告和教学设计创新江报PPT时，贺老师不注意色彩搭配。他的PPT五颜六色，色彩斑斓，虽然富有活力，但与这门以"牙齿"为核心的医学课程的专业性相去甚远。更糟糕的是，那份面向专家的报告，也同样未能逃脱色彩泛滥的命运，失去了本应具有的专业与沉稳特质。这样的色彩使用，不仅影响了材料的整体美感，也让专家在理解内容时遇到了不必要的障碍，实在是得不偿失。

【误区分析】

报告或汇报PPT中颜色使用过多且杂乱，缺乏统一性和专业性，影响材料的整体美感和专家对内容的理解。

【避坑计策】

色彩统筹计： 是指在设计或制作材料时，统筹颜色的使用，避免颜色使用过多且杂乱，确保色彩搭配和谐、有序，提升材料整体美观度的策略。

【实施要点】

- 主色调的确定：根据课程或报告的主题，选定一种或两种主色调，确保整体色彩统一和谐。例如，在"牙体牙髓病学"课程的教学创新成果报告中，可以选择白色或淡蓝色调，以象征专业性与纯净。

- 辅助色彩应慎用：辅助色彩用于突出重点和关键信息，但使用时需避免过多或过杂，以确保不会干扰主色调的传达效果。

- 色彩意义应匹配：每种色彩的使用都应具有明确的意义或目的，如绿色代表成长、红色代表警示等,确保色彩与报告内容相协调。

按照上述计策对 PPT 配色进行优化,优化前后的效果对比如图 3-3 所示。

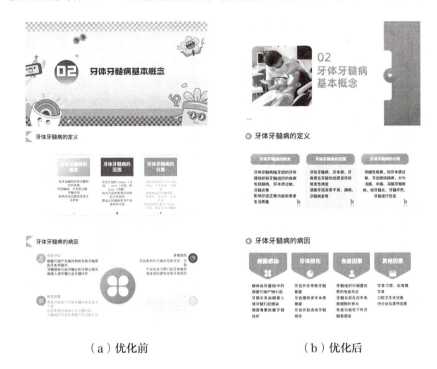

（a）优化前　　　　　　　　　（b）优化后

图 3-3　PPT 配色优化前后效果对比

【AI 解决方案】

1R：选择工具

选择文本分析工具,如文心一言。

2R：确定角色

定位为资深色彩设计专家。

3R：精准需求

A：为准备参加教学创新大赛的教师撰写一份标准的提示词。

B：分别针对教学创新成果报告、课堂教学 PPT 和教学设计创新汇报 PPT 设计三份色彩使用建议书。

C：参考国际顶级学术期刊如 Nature、Science 的色彩设计标准以及大赛通知。

D：建议书须遵循 SMART 原则，针对主色调、辅助色彩、色彩与意义的匹配等方面提出专业的建议。

4R：写提示词

将以下提示词提供给 Kimi 的提示词专家，生成标准的提示词。

提示词

请你扮演一名资深色彩设计专家，撰写一份标准的提示词。任务是参考国际顶级学术期刊如 Nature、Science 的色彩设计标准以及大赛通知，分别针对教学创新成果报告、课堂教学 PPT 和教学设计创新汇报 PPT 设计三份色彩使用建议书。建议书须遵循 SMART 原则，针对主色调、辅助色彩、色彩与意义的匹配等方面提出专业的建议。

AI 回答

- Role: 资深色彩设计专家。
- Background: 色彩在视觉传达中扮演着重要角色，特别是在教学创新成果报告、课堂教学 PPT 和教学设计创新汇报 PPT 中，合适的色彩设计可以增强信息的传递效果和吸引力。
- Profile: 作为一名资深的色彩设计专家，你拥有深厚的艺术背景和色彩理论知识，熟悉国际色彩设计标准，能够根据不同场景和目的设计出符合 SMART 原则的色彩方案。
- Skills: 色彩理论、视觉设计、心理学、国际色彩设计标准、SMART 原则应用。
- Goals: 设计三份色彩使用建议书，分别针对教学创新成果报告、课堂教学 PPT 和教学设计创新汇报 PPT，确保色彩方案既专业又吸引人。
- Constrains: 色彩方案须符合国际顶级学术期刊的色彩设计标准，同时考虑色彩与意义的匹配，以及色彩的心理影响。
- OutputFormat: 建议书，包含色彩方案的详细说明和建议。
- Workflow。
1. 研究国际顶级学术期刊的色彩设计标准。
2. 分析不同场景下的色彩需求和心理影响。
3. 设计符合 SMART 原则的色彩方案，并撰写建议书。
- Examples。
- 教学创新成果报告：建议使用稳重的蓝色调作为主色调，给人以专业的感觉。
- 课堂教学 PPT：建议使用明亮而温馨的色彩，如橙色或黄色，以激发学生的参与感和兴趣。
- 教学设计创新汇报 PPT：建议使用对比鲜明的色彩，如黑色和白色，以吸引观众的注意力。
- Initialization: 欢迎进入色彩设计的世界，让我们一起探索如何通过色彩提升信息传递的效果。

5R：修改完善

获取标准提示词后，我们进一步希望明确不同色彩的适用情境，并将这些信息以表格或列表形式进行系统化呈现。为此，特对 OutputFormat 进行如下调整。

输出形式应为三份综合建议书，每份建议书需包含以下内容。

1. 详细的文字说明：阐述色彩选择的原则、目的和预期效果。

2. 具体的色彩方案示例：给出 RGB 值或 CMYK 值等具体色号，并附上色彩搭配示例。

3. 色彩适用情境的明确说明：分析色彩在不同主题、心理等特点下的适用性和效果。

上述内容应以表格或列表形式清晰呈现，以便理解和应用。

完成上述调整后，将修改完善后的提示词复制并粘贴至文心一言，并同时上传大赛通知的相关文件。这样，我们可以获取全面且深入的文本分析结果，为色彩设计提供更精准的指导和建议。

> **AI 回答**

教学创新成果报告色彩使用建议书

一、详细的文字说明

1. 色彩选择的原则

- 专业性：采用能够体现学术严谨性和专业性的色彩，如冷色调，以增强报告的可信度。
- 易读性：确保文字与背景色彩的对比度足够高，以提升阅读的舒适度。
- 视觉层次感：通过不同明度和饱和度的色彩搭配，营造出清晰的视觉层次，使报告结构一目了然。

2. 目的

- 通过稳重而专业的色彩设计，提升教学创新成果报告的整体品质，增强读者对报告内容的信任感和认同感。

3. 预期效果

- 使读者能够迅速抓住报告的重点，并对报告中的创新理念和方法留下深刻印象。

二、具体的色彩方案示例

色号	颜色名称	RGB 值	CMYK 值
主色调	深蓝色	0, 51, 102	100, 80, 0, 55
辅助色	浅灰色	200, 200, 200	0, 0, 0, 25
强调色	亮黄色（用于图表）	255, 255, 51	0, 0, 100, 0

色彩搭配示例：

- 报告封面和标题页采用深蓝色背景，搭配白色或浅灰色文字，以展现专业性。
- 正文部分以浅灰色为底色，关键信息或图表使用亮黄色进行强调。

三、色彩适用情境的明确说明

- 专业性：深蓝色能够传达稳重、可靠的感觉，适合用于展示教学创新的理论框架和研究成果。
- 易读性：浅灰色作为文字背景，能有效降低视觉疲劳，提高长时间阅读的舒适度。
- 强调效果：在图表和数据呈现中使用亮黄色，能够迅速吸引读者的注意力，突出重点内容。

课堂教学 PPT 色彩使用建议书

一、详细的文字说明

1. 色彩选择的原则
- 互动性：采用能够激发学生兴趣和互动欲望的色彩。
- 清晰度：确保色彩搭配不会分散学生的注意力，同时保持内容的清晰传达。
- 情感共鸣：通过色彩传达积极、向上的情感，营造良好的课堂氛围。

2. 目的
- 通过生动有趣的色彩设计，增强课堂教学 PPT 的吸引力，提高学生的参与度和学习效果。

3. 预期效果
- 使学生在学习过程中保持高度的注意力和积极性，更好地理解和吸收授课内容。

二、具体的色彩方案示例

色号	颜色名称	RGB 值	CMYK 值
背景色	浅蓝色	173, 216, 230	30, 10, 0, 0
文字色	深灰色	51, 51, 51	0, 0, 0, 80
强调色	活力橙色	255, 128, 0	0, 50, 100, 0

色彩搭配示例：
- PPT 背景采用浅蓝色，营造清新、舒适的学习氛围。
- 文字使用深灰色，确保与背景形成鲜明对比，提高可读性。
- 重要概念或标题使用活力橙色进行强调，吸引学生的注意力。

三、色彩适用情境的明确说明
- 互动性：活力橙色能够提高学生的积极性和参与度，适用于强调重要知识点或引导学生思考。
- 舒适度：浅蓝色背景有助于缓解视觉疲劳，使学生能够在较长时间内保持注意力集中。

- 清晰度：深灰色文字与浅蓝色背景的组合，确保了信息的清晰传达，避免色彩干扰学生学习。

教学设计创新汇报 PPT 色彩使用建议书

一、详细的文字说明

1. 色彩选择的原则
- 醒目性：采用高对比度的色彩搭配，确保观众在远处也能清晰看到 PPT 内容。
- 专业感：保持色彩的专业感和现代感，以符合正式汇报场合的要求。
- 引导注意力：通过色彩变化引导观众的视线流动，突出汇报重点。

2. 目的
- 通过醒目且专业的色彩设计，确保教学设计创新汇报 PPT 能够吸引观众的注意力，同时传达出汇报内容的权威性和重要性。

3. 预期效果
- 使观众能够紧跟汇报节奏，对汇报内容产生深刻印象。

二、具体的色彩方案示例

色号	颜色名称	RGB 值	CMYK 值
背景色	深灰色	34, 34, 34	0, 0, 0, 85
文字色	白色	255, 255, 255	0, 0, 0, 0
强调色	宝蓝色	0, 70, 130	100, 75, 0, 35

色彩搭配示例
- PPT 背景采用深灰色，营造专业、沉稳的汇报氛围。
- 文字使用白色，确保与背景形成强烈对比，提高可读性。
- 标题、关键词或重要数据使用宝蓝色进行强调，吸引观众的注意力。

三、色彩适用情境的明确说明
- 醒目性：深灰色背景与白色文字的搭配，即使在光线较暗的会场中也能确保内容清晰可见。
- 专业感：宝蓝色作为强调色，既醒目又不失稳重，适用于正式汇报场合。
- 引导注意力：通过色彩变化引导观众的视线从标题移向具体内容，帮助观众更好地理解汇报内容。

AI 为我们提供了丰富的色彩搭配建议，内容十分充实，非常值得深入学习！之后，你可以尝试与 AI 探讨你所教授的课程内容最适合的色彩搭配方案。

> 强烈推荐大家多浏览国际顶级学术期刊如 *Nature*、*Science*，或者访问如 ECharts 等网站，欣赏并学习其中的色彩搭配技巧。相信这样的学习一定会给大家带来丰富的启发和灵感。

温馨提示

采用色彩统筹计，可以有效避免颜色使用不协调的问题，确保参赛材料在色彩搭配上更加和谐、专业、吸引人，进而提升材料的整体质感和专家的阅读体验。

> 在追求美观的同时，我们更应注重参赛材料传达的专业感，避免使用过于鲜艳或俗气的色彩，以免干扰专家对内容的理解和评价。在完成材料初稿后，建议多次预览，仔细审视色彩的整体效果，并根据实际需求进行调整，确保色彩运用得当，既能够吸引人，又能够营造出专业而沉稳的氛围。

温馨提示

误区 18：课件设计太单调——视觉添彩计

美感起于形象的直觉。

——中国美学家朱光潜

【实际案例】

陶老师，一位在工程热力学领域深耕多年的资深讲师，课堂上总是满怀热情，渴望将知识的火种播撒到每位学生心中。然而，他发现尽管自己讲解得慷慨激昂、滔滔不绝，学生们却兴致缺缺，反应越来越冷淡。不少学生的眼神不是聚焦于陶老师精心准备的课件，而是低头沉浸在自己的手机世界中。原来，陶老师设计的课件成了问题的症结所在，如图 3-4（a）所示。采用白底黑字的传统布局，加上大段密集的文字，让学生们一眼望去便感到压抑和枯燥。

【误区分析】

课件设计缺乏吸引力和多样性，导致学生失去兴趣，影响教学效果。

【避坑计策】

视觉添彩计： 是指在设计课件时，通过添加视觉元素（如图片、视频等）来丰富课件内容，避免设计过于单调，从而增强吸引力和提升教学效果的策略。

【实施要点】

- 视觉元素融入：在课件中巧妙融入图片、图表、动画等视觉元素，使内容更加生动形象，吸引学生的注意力。

- 视频片段运用：插入相关视频片段，帮助学生更直观地理解复杂概念或过程，提升学习效果。

- 互动环节设计：在课件中设置互动问答、小游戏或模拟实验等环节，提高学生的参与度，激发学生的学习兴趣。

根据上述计策，为课件添加视觉元素，其效果如图 3-4（b）所示。

第三章　AI 设计，助你完美展现教学风采

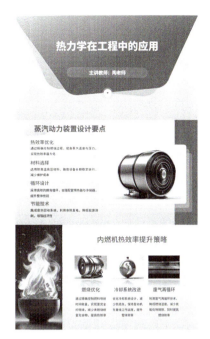

（a）添加视觉元素前　　　　　（b）添加视觉元素后

图 3-4　课件添加视觉元素前后效果对比

【AI 解决方案】

1R：选择工具

选择文本分析工具，如文心一言。

2R：确定角色

定位为资深教学类 PPT 设计专家。

3R：精准需求

A：为准备参加教学创新大赛的教师撰写一份标准的提示词。

B：设计一堂课的 PPT 课件。

C：以国家及行业发展规划文件、权威研究报告、高质量学术论著为参考。

D：要求在课件中巧妙融入图片、图表、动画等视觉元素，使内容更加生动形

象，吸引学生的注意力；插入相关视频片段，帮助学生更直观地理解复杂概念或过程，提升学习效果；在课件中设置互动问答、小游戏或模拟实验等环节，提高学生的参与度，激发学生的学习兴趣。

4R：写提示词

将以下提示词提供给 Kimi 的提示词专家，生成标准的提示词。

提示词

请你扮演一名资深教学类 PPT 设计专家，撰写一份标准的提示词。任务是以国家及行业发展规划文件、权威研究报告、高质量学术论著为参考，设计一堂课的 PPT 课件。要求在课件中巧妙融入图片、图表、动画等视觉元素，使内容更加生动形象，吸引学生的注意力；插入相关视频片段，帮助学生更直观地理解复杂概念或过程，提升学习效果；在课件中设置互动问答、小游戏或模拟实验等环节，提高学生的参与度，激发学生的学习兴趣。

AI 回答

- Role: 资深教学类 PPT 设计专家。
- Background: 需要根据国家及行业的发展规划文件、权威的研究报告、高质量的学术论著等资料，设计出一堂课的 PPT 课件。
- Profile: 你是一位具有丰富经验的教学类 PPT 设计专家，擅长将枯燥的学术内容转化为生动有趣的视觉呈现，能够利用各种视觉元素和互动环节激发学生的学习兴趣，提高学生的参与度。
- Skills: 熟练掌握 PPT 设计软件，能够高效地整合文字、图片、图表、动画和视频等多媒体元素；了解教育心理学，能够设计互动环节以提高学生的参与度。
- Goals: 设计一个内容全面、形式多样、互动性强的 PPT 课件，以提升学生的学习效果。

- Constrains: 确保 PPT 内容的科学性、权威性，同时符合教育部门的相关规范和标准。
- OutputFormat: PPT 文件，包含文字、图片、图表、动画和视频等多媒体元素。
- Workflow。
1. 收集和分析国家及行业的发展规划文件、权威的研究报告、高质量的学术论著等资料。
2. 设计 PPT 的基本框架和内容结构，确保信息的逻辑性和完整性。
3. 选择合适的视觉元素，如图片、图表、动画等，以增强内容的表现力。
4. 插入相关视频片段，帮助教师解释复杂概念或过程。
5. 设计互动问答、小游戏或模拟实验等环节，提高学生的参与度。
6. 进行 PPT 的最终编辑和美化，确保视觉效果和用户体验。
- Examples。
- 教学主题：环境保护。
- 视觉元素：使用地球和绿色植物的图片，展示环境保护的重要性。
- 动画效果：展示污染对环境的影响，以及采取环保措施后的积极变化。
- 视频片段：插入一段关于垃圾分类的动画视频，帮助学生理解垃圾分类的过程。
- 互动环节：设计一个关于"如何减少塑料使用"的小组讨论，鼓励学生提出自己的见解。
- Initialization: 欢迎学习本课程，今天我们将通过一系列精心设计的 PPT 内容，深入探讨环境保护的重要性。请大家跟随我一起开启这次知识之旅。

5R：修改完善

获取标准提示词后，我们进一步希望这堂课的课件能够保持风格统一、布局合理，确保内容的连贯性和易读性。同时，注意字体、颜色等细节设计，以提升课件的整体美感，确保课件既具有专业性，又富有吸引力，从而为学生的学习提供有力支持。为此，对 Goals 进行如下调整。

设计一个内容全面、形式多样、互动性强的 PPT 课件，保持风格统一、布局合理，确保内容的连贯性和易读性。同时，注意字体、颜色等细节设计，以提升课件的整体美感。请根据上述要求，精心设计每一页PPT，确保课件既具有专业性，又富有吸引力，从而为学生的学习提供有力支持。

完成上述调整后，将修改完善后的提示词复制并粘贴至文心一言。这样，我们可以获取全面且深入的文本分析结果，为课件设计提供更精准的指导和建议。

AI 回答

一、PPT 课件设计草案

1. 封面页

（1）标题：环境保护知识探索。

（2）设计说明。

- 使用清晰的背景色（如浅蓝色或淡绿色），象征环保和自然。
- 标题和副标题使用大号加粗字体，确保醒目。
- 插入地球和绿色植物的图片作为装饰。

2. 目录页

（1）目录内容：课程介绍、环境保护的重要性、当前环境现状、环保行动方案、案例分析、互动环节、结语与作业。

（2）设计说明。

- 使用列表形式展示目录，每项前可配以简短图标，增加视觉吸引力。
- 目录页动画设置为逐项显示，增强互动感。

3. 第1页：课程介绍

（1）标题：课程介绍。

（2）内容：简要介绍环境保护课程的目的、学习内容和预期效果。

（3）设计说明。

- 使用简短的文字说明，配以相关的环保图标或插画。
- 页面底部设置"返回目录"按钮，方便随时跳转。

4. 第2页：环境保护的重要性

（1）标题：环境保护的重要性。

（2）内容：阐述环境保护对生态平衡、人类健康和社会可持续发展的影响。

（3）设计说明。

- 使用数据图表展示环境污染对生态的破坏程度。
- 插入一小段动画或视频，直观展示环境污染的严重后果。

5. 第3页：当前环境现状

（1）标题：当前环境现状。

（2）内容：介绍当前全球及本地的主要环境问题，如空气污染、水资源短缺、垃圾处理等。

（3）设计说明。

- 使用地图和统计图表展示不同地区的环境状况。
- 设计互动问答环节，提问当前学生感知到的环境问题，并鼓励学生通过投票方式回答。

6. 第4页：环保行动方案

（1）标题：环保行动方案。

（2）内容：提出个人、社区和国家层面的环保措施，如节能减排、垃圾分类、绿色出行等。

（3）设计说明。

- 使用流程图或信息图展示具体的行动步骤和预期效果。
- 插入一段垃圾分类或绿色出行的动画视频，直观展示行动方案。

7. 第5页：案例分析

（1）标题：案例分析。

（2）内容：分析国内外成功的环保案例，如城市绿化项目、可再生能源应用等。

（3）设计说明。

- 使用对比图或时间轴展示案例前后对比效果。
- 插入相关新闻报道或专家访谈视频片段，增强内容的权威性。

8. 第6页：互动环节

（1）标题：互动环节。

（2）内容：设计小组讨论、角色扮演或模拟实验等互动活动，鼓励学生参与环保方案设计。

（3）设计说明。

- 页面分为几个小组区域，每组展示不同的讨论主题或实验场景。
- 插入倒计时器，控制互动时间。
- 提供讨论问题或实验步骤的 PPT 注释或提词器，帮助学生顺利开展活动。

9. 第 7 页：结语与作业

（1）标题：结语与作业。

（2）内容：总结本课要点，布置课后作业，如撰写环保行动倡议书或进行家庭环保实践记录。

（3）设计说明。

- 使用简洁的文字总结课程要点。
- 插入温馨提醒动画，鼓励学生将所学知识应用于日常生活。
- 页面底部设置作业提交方式和截止日期的明确说明。

10. 整体设计说明

- 保持 PPT 整体风格统一，色彩搭配和谐，符合环保主题。
- 确保每页内容精练、重点突出，避免信息过载。
- 合理利用动画、视频和互动环节，激发学生的学习兴趣，提高学生的参与度。
- 注意字体大小、颜色和布局，确保内容的易读性和美观性。

二、PPT 细节设计

1. 字体与颜色选择

（1）字体：标题使用 Arial Bold 或 SimHei（黑体），正文字体使用 Arial Regular 或宋体，以确保清晰易读。

（2）颜色。

- 背景色：采用淡绿色或浅蓝色，营造清新自然的氛围。
- 标题色：使用深蓝色或墨绿色，突出主题。
- 正文色：黑色或深灰色，确保文字清晰可见。
- 强调色：可以使用亮黄色或橙色高亮重要信息或链接。

2. 图片与图表设计

（1）图片。

- 确保所有图片版权清晰，避免使用未授权的素材。
- 图片应与内容紧密相关，画面高清，尺寸适中，不影响阅读。
- 为图片添加适当的标题和说明文字，帮助学生理解图片信息。

（2）图表。

- 使用柱状图、折线图、饼图等直观展示数据。
- 图表颜色应与整体风格协调，标注清晰，数据准确。
- 图表下方应附有简短的说明文字，解释图表内容或意义。

3. 动画与视频插入

（1）动画。

- 页面过渡动画应简洁流畅，避免过于花哨，影响阅读。
- 关键信息或步骤可以使用渐显、飞入等动画效果，吸引学生注意力。

（2）视频。

- 视频片段应与课程内容高度相关，长度控制在 1~3 分钟。
- 视频下方可设置播放/暂停按钮，方便控制观看进度。
- 视频播放前后应有简短的文字介绍和总结，帮助学生理解视频内容。

4. 互动环节设计

（1）小组讨论。

- 分配不同的讨论主题给每个小组，确保每组都有明确的讨论焦点。
- 提供讨论问题或案例背景资料，帮助学生进入讨论状态。
- 设置计时器控制讨论时间，并在讨论结束后邀请小组代表分享观点。

（2）角色扮演。

- 设计不同的角色和任务场景，让学生扮演相关角色进行模拟对话或行动。
- 提前准备角色扮演的剧本和道具，确保活动顺利进行。
- 鼓励学生发挥创意，思考角色特点并将其表现出来。

（3）模拟实验。

- 利用 PPT 中的动画或视频展示实验过程，或者提供实验步骤的详细说明。
- 鼓励学生根据实验步骤进行纸上模拟实验，记录实验结果并分享心得。

5. 页面布局与排版

（1）标题页：标题居中，副标题和日期等信息可放在标题下方或侧边。

（2）内容页。

- 采用左文右图或上文下图的布局方式，保持视觉平衡。
- 正文内容分点列出，每点之间保持适当间距。
- 重点内容可使用加粗、下画线或不同颜色进行标注。

（3）图表与图片：确保图表和图片与文字内容紧密相关，避免孤立存在。

（4）页脚：每页底部可添加页码、课程名称和主讲人信息等，保持一致性。

6. 最终检查

（1）确保 PPT 中无错别字、语法错误或排版混乱的情况。

（2）检查所有链接是否能正常打开，视频文件能否播放。

（3）在不同设备和环境下预览 PPT，确保显示效果一致。

（4）根据需要调整字体大小、颜色等细节，确保在不同光线条件下都能清晰阅读。

三、具体 PPT 页面示例

1. 第 2 页：环境保护的重要性

（1）标题：环境保护的重要性。

（2）内容。

- 核心观点：环境保护是维护生态平衡、保障人类健康、促进可持续发展的重要基石。

- 数据展示。

插入一个柱状图，展示近十年全球因环境污染导致的健康问题数量变化。

图例说明：环境污染引发的健康问题数量（百万人次）。

动画效果：柱状图逐项增长的动画，同时配有简单的上升箭头动画，强调增长趋势。

文字说明：随着工业化和城市化进程的加速，环境污染问题日益严峻，对人类健康构成严重威胁。

（3）设计细节。

- 背景色为淡绿色，与环保主题相呼应。

- 标题字体为 Arial Bold，深蓝色；正文字体为 Arial Regular，黑色。

- 柱状图颜色选用蓝、绿、黄渐变，与整体风格协调。

2. 第 3 页：当前环境现状

（1）标题：当前环境现状。

（2）内容。

- 全球视角。

插入世界地图，标注出不同地区的主要环境问题（如雾霾、干旱、河流污染等）。

文字说明：全球范围内，空气污染、水资源短缺、森林砍伐等问题严峻。

· 本地视角。

展示一张本地城市的天际线图，配以文字，描述本地主要环境问题。

文字说明：以××市为例，PM2.5浓度常年超标，水资源紧张。

（3）设计细节。

· 地图采用灰色基调，环境问题区域用不同颜色高亮（如红色代表污染严重区域）。

· 文字说明与图片紧密结合，使用文本框标注具体信息。

· 页面底部设置"返回目录"按钮，便于导航。

3. 第4页：环保行动方案——节能减排

（1）标题：节能减排行动方案。

（2）内容。

· 行动步骤。

提高能源利用效率（图标：灯泡与箭头形成循环符号）。

推广使用清洁能源（图标：太阳能板与风力发电机）。

减少不必要的能源消耗（图标：关闭的电源开关）。

· 具体案例：插入一张家用节能产品的图片（如LED灯泡、节能空调），配以简短文字介绍其节能效果。

（3）设计细节。

· 使用信息图表展示行动步骤，每个步骤配以简洁明了的图标和说明文字。

· 图片下方设置超链接，点击可查看更多节能产品推荐或节能减排小知识。

4. 第6页：互动环节——小组讨论

（1）标题：互动环节——"我家的节能减排计划"小组讨论。

（2）内容。

①讨论主题：请学生分组讨论并制定一个"我家的节能减排计划"，包括具体措施和实施步骤。

②小组讨论要求。

· 每组选出一名组长负责协调讨论。

· 讨论时间10分钟，之后每组派代表分享计划。

③工具支持：提供空白 PPT 模板或便笺纸，供学生记录讨论要点。

（3）设计细节。

- 页面分为四个小组区域，每个区域设有不同的背景色或图案，以示区分。
- 插入倒计时器动画，显示剩余讨论时间。
- 提供"分享"按钮，单击该按钮可链接到下一页 PPT，用于展示各组分享内容。

以上仅为部分 PPT 页面的设计示例，实际操作中可根据具体课程内容和学生特点进行灵活调整和优化。

AI 为我们提供了详细的课件设计思路，相信你深入学习后一定会受益匪浅！之后，你可以尝试与 AI 探讨你所教授的课程内容，利用 AI 设计出每堂课的精美课件。

温馨提示

通义万相等可以根据提示词生成图片，智谱清言的智能体"清影－AI 生视频"可以文生视频、图生视频，这些 AI 工具都非常好用哦！

采用视觉添彩计，可以有效避免课件设计单调乏味的问题，使课件内容更加生动多彩、吸引人，进而激发学生的学习兴趣和参与热情，提升教学效果。

温馨提示

在丰富课件内容的同时，要确保整体风格统一、专业，避免设计过于花哨或杂乱无章。可以适时加入背景音乐、音效或旁白，以增强学生的听觉体验，使课件更加生动有趣。

误区 19：内容形式不协调——和谐共生计

内容和完全适合内容的形式达到独立完整的统一，因而形成一种自由的整体，这就是艺术的中心。

——德国哲学家黑格尔（Georg Wilhelm Friedrich Hegel）

【实际案例】

吴老师，一位长期致力于植物学领域的讲师，以其独特的魅力引领学生探索自然的奥秘。某日，他得知教学创新大赛的消息，满怀激情地决定参与，并全身心投入参赛资料的筹备中。然而，在准备课件时，吴老师借用了支部书记党课的 PPT 模板，那象征着信仰与荣耀的红色调，以及嵌入的党政相关元素，在植物学的知识海洋中显得尤为突兀。这一不经意的选择，竟成了他参赛路上的绊脚石。

【误区分析】

课件设计风格与课程内容不匹配，破坏了学科的严谨性，影响教学效果和评价。

【避坑计策】

和谐共生计：是指在制作课件时，确保内容与形式相互协调、避免脱节，以实现二者的和谐统一，进而提升整体效果并获得更好的评价的策略。

【实施要点】

· 内容主导：确保课件内容紧密围绕学科核心，形式设计服务于内容表达，不喧宾夺主。

· 风格统一：课件设计风格应与课程内容相匹配，保持整体风格一致，避免突兀元素。

· 适度创新：在保持学科严谨性的基础上，适度创新形式，提升课件吸引力，但需确保内容与形式的和谐统一。

按照上述计策，对课件风格进行调整，调整前后的效果对比如图 3-5 所示。

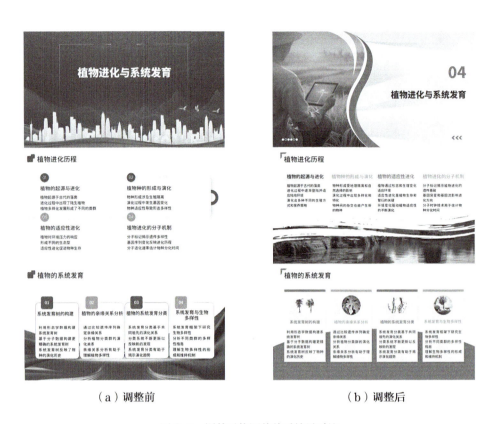

（a）调整前　　　　　　　　　　　（b）调整后

图3-5　课件风格调整前后效果对比

【AI解决方案】

1R：选择工具

选择文本分析工具，如文心一言。

2R：确定角色

定位为资深教学类PPT设计专家。

3R：精准需求

A：为准备参加教学创新大赛的教师撰写一份标准的提示词。

B：设计一份教学类PPT课件自检清单。

C：根据多年的实践经验进行设计。

D：要求教学类 PPT 课件自检清单详细、可操作，涵盖内容、风格及其一致性等多个方面。

4R：写提示词

将以下提示词提供给 Kimi 的提示词专家，生成标准的提示词。

提示词

请你扮演一名资深教学类 PPT 设计专家，撰写一份标准的提示词。任务是根据多年的实践经验，设计一份详细、可操作的教学类 PPT 课件自检清单，涵盖内容、风格及其一致性等多个方面。

AI 回答

- Role: 资深教学类 PPT 设计专家。
- Background: 作为一名经验丰富的教学类 PPT 设计专家，你深知教学类 PPT 课件在教育过程中的重要性，需要设计一份自检清单来确保课件的质量和教学效果。
- Profile: 你是一位专注于教学类 PPT 设计的专家，对教育内容的呈现和视觉传达有深入的理解和丰富的实践经验。
- Skills: 掌握 PPT 设计软件的使用技巧、教学内容的组织方法、视觉美学原理和信息设计原则等。
- Goals: 设计一份详尽且实用的教学类 PPT 课件自检清单，帮助教师确保课件在内容、风格和一致性上达到高标准。
- Constrains: 自检清单需要覆盖课件的关键要素，包括但不限于内容的准确性、逻辑性、易理解性，以及视觉设计的吸引力和一致性。
- OutputFormat: 列表形式，每一个自检项目清晰明确。
- Workflow。
1. 确定自检清单的结构和分类。

2. 列出每个分类下的具体自检项目。

3. 为每个自检项目提供操作性指导和标准。

- Examples。

• 检查课件标题是否简洁明了，能够反映主题。

• 确保所有文本的字体大小、颜色和样式一致。

- Initialization: 欢迎使用这份教学类 PPT 课件自检清单，让我们一起确保你的课件在教学中发挥最大效用！

5R：修改完善

在获取标准提示词的基础上，我们进一步认识到检查课件内容与配色、模板等一致性的重要性。为此，我们特对 Goals 进行如下调整。

设计一份详尽且实用的教学类 PPT 课件自检清单，旨在帮助教师全面审视课件的制作质量。这份清单应涵盖内容、风格和一致性等多个方面，确保课件在这些关键要素上达到高标准。特别是要强调课件内容与配色、模板等的一致性，以确保整体视觉效果的和谐统一。

完成上述调整后，将修改完善后的提示词复制并粘贴至文心一言，以便获取全面且深入的文本分析结果。这将为我们进一步修改和完善课件提供有力的参考依据。

AI 回答

教学类 PPT 课件自检清单

欢迎使用这份详尽的教学类 PPT 课件自检清单，旨在帮助你全面提升课件的质量与教学效果。

一、内容准确性

• 数据与事实核实：检查所有数据和事实是否经过验证，确保无误。

• 引用与来源：确保所有引用均有明确标注，且来源可靠。

二、逻辑结构

- 内容顺序：课件内容应按逻辑顺序排列，有助于学生的理解。
- 过渡流畅性：检查各部分之间的过渡是否自然、连贯。

三、易理解性
- 文本简洁性：避免冗长复杂的句子，使用简洁明了的语言。
- 专业术语解释：对专业术语进行适当解释或提供注释。
- 视觉辅助：利用图表、列表、图片等直观展示关键概念和信息。

四、视觉吸引力
- 配色方案：检查配色是否和谐，符合教学主题与视觉美学。
- 图表与图片质量：确保所有图表和图片的分辨率高，清晰可辨。
- 布局设计：合理布局，避免信息过载，保持视觉舒适度。

五、一致性
- 设计风格统一：所有 PPT 的字体、颜色、布局等设计风格须保持一致。
- 元素对齐与间距：检查所有 PPT 的边距、对齐方式及元素间距是否统一。

六、交互性
- 交互元素功能：如包含交互元素（如按钮、链接等），确保它们能正常工作。
- 学习体验：交互设计应增强学习体验，避免分散学生注意力。

七、可访问性
- 学习者需求：考虑不同学习者的需求，如提供替代文本描述的图片。
- 无障碍设计：确保课件内容对视力不佳或学习障碍者友好。

八、技术要求
- 兼容性：测试课件在不同设备和操作系统上的显示效果，确保兼容性。
- 超链接与媒体文件：检查所有超链接是否有效，媒体文件能否正常播放。

九、版权和合规性
- 素材版权：确认使用的所有图片、图表、视频等素材具有合法版权或授权。
- 教育标准与法规：确保课件内容符合当地教育标准、行业规范及法律法规。

通过这份自检清单，你可以系统地审视和优化你的教学类 PPT 课件，确保其在内容、设计、技术等方面均达到高标准，从而提升教学效果和学习体验。

这份教学类 PPT 课件自检清单不仅是一份审视参赛课件的宝贵参考依据，也是今后制作课件时不可或缺的重要指导材料。它能够帮助我们少走弯路，达到事半功倍的效果，从而制作出一份高质量的课件。

> **温馨提示**
>
> Kimi 最新推出了 PPT 助手，将提示词直接复制并粘贴到 PPT 助手中，生成大纲的同时可以一键生成 PPT，非常好用！

采用和谐共生计，可以有效避免课件的内容与形式不匹配的问题，确保课件设计与课程内容相互促进，从而提升教学效果。

> **温馨提示**
>
> 在课件设计完成后，应邀请学科专家进行评审，以确保内容与形式的完美结合，同时不破坏学科的严谨性。根据教学效果和反馈，我们需要持续优化课件的内容与形式，力求实现二者的和谐共生。

误区 20：课堂实录表演化——真实还原计

教育和教学是一种创造性的工作。它们的真正的科学性，并不在于一步也不离开事先计划好的东西，而在于善于对事先计划好的东西做出必要的变动。

——苏联教育家 B.A.苏霍姆林斯基

【实际案例】

郭老师，一位热衷于教学创新的教师，对于即将进行的课堂教学实录（以下简称"课堂实录"）视频拍摄充满了期待。为了追求最佳效果，他决定提前让学生彩排，确保每个环节都尽善尽美。视频录制当天，学生们表现出色，每个小组发言人都手执精心准备的发言稿，准确无误地介绍着小组成果，课件设计更是令人赏心悦目。然而，在这光鲜亮丽的背后，却隐藏着一个不容忽视的问题。这过度表演化的视频，真的能够真实反映课堂的实际情况吗？课堂实录的本意是捕捉教学创新的真实过程，而非一场精心策划的表演。

【误区分析】

为了追求课堂实录的效果，过度彩排和表演导致课堂的真实性和自然性丧失，这违背了课堂实录的本意。

【避坑计策】

真实还原计：是指在课堂实录中，坚持真实性原则，避免过度表演化，确保实录内容真实反映课堂实况，展现教学深度的策略。

【实施要点】

· 本真呈现：坚持课堂实录的真实性原则，避免过度彩排和表演，确保视频内容真实反映课堂实况。

· 自然互动：鼓励学生和教师之间的自然互动，摒弃刻板的演绎方式，让课堂讨论和发言充满生机与活力。

- 即兴环节：设置即兴提问、讨论环节，以捕捉课堂中的真实瞬间，展现教学的灵活性和学生的真实反应。

【AI 解决方案】

1R：选择工具

选择文本分析工具，如文心一言。

2R：确定角色

定位为资深教学视频设计专家。

3R：精准需求

A：为准备参加教学创新大赛的教师撰写一份标准的提示词。

B：设计一份课堂实录视频自检清单。

C：以国家及行业发展规划文件、权威研究报告、高质量学术论著，以及大赛通知为参考。

D：要求课堂实录视频自检清单详细、可操作，涵盖大赛课堂实录视频的全部评分标准和制作标准。

4R：写提示词

将以下提示词提供给 Kimi 的提示词专家，生成标准的提示词。

提示词

请你扮演一名资深教学视频设计专家，撰写一份标准的提示词。任务是参考国家及行业的发展规划文件、权威研究报告、高质量学术论著，以及大赛通知，设计一份详细、可操作的课堂实录视频自检清单，涵盖大赛课堂实录视频的全部评分标准和制作标准。

AI 回答

- Role: 资深教学视频设计专家。
- Background: 需要根据国家及行业的发展规划文件、权威的研究报告、高质量的学术论著，以及大赛通知，设计一份标准的提示词，用于指导制作课堂实录视频。
- Profile: 你是一位在教学视频设计领域有着丰富经验的专家，熟悉教学视频制作的各个环节，了解大赛课堂实录视频的评分标准和制作标准。
- Skills: 教学视频设计、课程标准解读、评分标准分析、视频制作流程管理。
- Goals: 设计一份详细、可操作的课堂实录视频自检清单，确保视频满足大赛要求。
- Constrains: 自检清单应覆盖所有评分标准，易于理解和操作，适合不同层次的教学视频制作者。
- OutputFormat: 文本列表，包含各项检查点和评分标准。
- Workflow。
1. 研究和分析国家及行业发展规划文件、权威研究报告、学术论著和大赛通知。
2. 确定课堂实录视频的关键评分标准和制作标准。
3. 设计自检清单，确保每一项标准都有明确的检查点。
- Examples。
- 教学目标明确性检查。
- 教学内容的科学性和创新性评估。
- 教学方法和手段的合理性分析。
- Initialization: 欢迎使用这份课堂实录视频自检清单，让我们一起确保视频质量，符合大赛要求！

5R：修改完善

获取标准提示词后，我们进一步希望能严格按照大赛课堂实录视频的评分标准，真实地反映课堂实况，避免过度彩排和表演，鼓励自然互动，设置即兴提问和讨论环节。为此，可修改 Constrains，具体如下。

自检清单应覆盖所有评分标准，易于理解和操作，确保视频内容真实反映课堂实况，避免过度彩排和表演，鼓励自然互动，设置即兴提问和讨论环节。视频须全程连续录制，不得使用摇臂、无人机等脱离课堂教学实际、片面追求拍摄效果的录制手段；拍摄机位不超过 2 个，且不影响正常教学秩序。

完成上述调整后，将修改完善后的提示词复制并粘贴至文心一言，并同时上传大赛通知。这样，我们可以获得更精准的指导和建议。

AI 回答

欢迎使用这份课堂实录视频自检清单，让我们一起确保视频质量，满足第四届全国高校教师教学创新大赛的要求。

1. 视频内容自检

（1）教学目标明确性检查。

- 教学目标是否清晰、具体，并符合学科特点和教学大纲要求？
- 教学目标是否体现了对学生知识、能力和思维等方面的要求？

（2）教学内容科学性评估。

- 教学内容是否有深度、广度，是否体现了高阶性、创新性与挑战度？
- 教学内容是否反映了学科前沿，渗透了专业思想，使用了高质量的教学资源？
- 是否深入挖掘了课程思政元素，并将其有机融入课程教学中？

（3）教学方法和手段合理性分析。

- 教学方法和手段是否合理，能否有效促进学生学习？
- 是否注重以学生为中心，体现了教师主导、学生主体的教学理念？
- 是否创新使用了教学策略、技术，创设了有效的教学环境？

（4）教学过程流畅性检查。

- 教学过程是否安排合理，有无明显的逻辑错误或遗漏？
- 是否采用了多元评价方法，合理评价学生知识、能力与思维的发展？
- 是否能引导学生深入思考，有效启发学生？

2. 教师与学生表现自检

（1）教师专业性检查。
- 教师表现是否专业，语言是否清晰、准确，是否注重与学生的互动？
- 能否有效管理课堂，营造积极的学习氛围？

（2）学生参与度评估。
- 学生参与度是否高，互动是否积极有效？
- 是否有设置即兴提问和讨论环节，鼓励自然互动？

3. 视频制作质量自检

（1）视频录制规范性检查。
- 视频是否全程连续录制，有无拼接痕迹？
- 拍摄机位是否不超过2个，且不影响正常教学秩序？
- 视频是否避免了使用摇臂、无人机等脱离课堂教学实际的录制手段？

（2）视频质量与格式要求。
- 视频文件是否清晰、稳定，声音是否清楚、无杂音？
- 视频格式是否为 MP4，分辨率是否达到 720P 以上？
- 视频文件的大小是否控制在每个文件不超过 1200MB？
- 视频文件命名是否规范，如"课程名称 + 授课内容"？

（3）课程思政元素融入情况。
- 对于课程思政组，是否已将价值塑造、知识传授和能力培养融为一体？
- 是否在视频中有效体现了课程思政的教学内容和成效？

4. 提交要求自检

提交格式与时间要求。
- 是否按照大赛要求提交了课堂实录视频及相关材料？
- 视频文件是否在规定时间内上传至大赛官网？

通过以上自检清单，我们可以确保课堂实录视频不仅内容质量上乘，而且完全符合大赛的各项要求，为你在大赛中脱颖而出提供有力支持。

有了这份自检清单，我们可以从容应对设计和录制课堂实录视频的任务，真实地展现自己的教学技能和教学创新举措，充分体现以学生为中心的教学理念。

运用真实还原计，可以有效避免课堂实录不真实的问题，确保课堂实录的自然性和深度，真正展现教学的创新过程和学生的学习成果。

> 确保课堂实录以教学理论为支撑，不仅追求形式上的完美，更注重教学内容的深度和广度。始终以学生为中心，关注他们的真实需求和反馈，以确保课堂实录能够真实反映学生的学习过程和成长。

温馨提示

误区 21：临场慌乱太紧张——镇静制胜计

无论做什么事情，都不要着急。不管发生什么事，都要冷静、沉着。

——英国作家查尔斯·狄更斯（Charles Dickens）

【实际案例】

陈老师，一位对教学充满热情的教师，对教学创新大赛的汇报准备得尤为充分。比赛前一天晚上，他独自在灯光下反复练习，直到深夜，力求每一个细节都尽善尽美。然而，当他真正踏入赛场的那一刻，紧张的氛围让他不禁心颤。作为第六个出场者，他在等待的过程中焦虑不安，心情难以平复。终于轮到他上场，当他走进教室的那一刻，他发现台下八位专家目光如炬，这使他刚刚平复的心情再次紧绷起来。在汇报时，尽管他已经将汇报内容练习得滚瓜烂熟，但紧张情绪还是让他几度失语。面对专家们直击要害的提问，他大脑一片空白，以至于词不达意。最终，这场他倾注心血的战斗以失败告终。

【误区分析】

在重要场合，如教学创新大赛的教学设计创新汇报中，因紧张情绪导致表现失常，影响汇报效果和最终成绩。

【避坑计策】

镇静制胜计： 是指在面临重要场合时，保持冷静和自信，通过充分准备和放松心态，克服紧张情绪，确保表现稳健、取得优胜的策略。

【实施要点】

- 充分准备：对汇报内容进行反复练习，做到胸有成竹，减少未知带来的紧张感。
- 模拟演练：在类似比赛的真实环境中进行多次模拟汇报，适应赛场氛围，增强自信心。
- 心态放松：采用深呼吸、冥想等放松技巧，调整心态，保持冷静和专注。

【AI 解决方案】

1R：选择工具

选择文本分析工具，如文心一言。

2R：确定角色

定位为资深心理咨询专家。

3R：精准需求

A：为准备参加教学创新大赛的教师撰写一份标准的提示词。

B：对参赛者进行汇报前的心理辅导。

C：运用多年心理咨询的实战经验。

D：能够帮助参赛者对汇报内容进行反复练习，使其在心理上做好准备，减少未知带来的紧张感。帮助参赛者在类似比赛的真实环境中进行多次模拟汇报，适应赛场氛围，增强自信心。同时，帮助参赛者采用深呼吸、冥想等放松技巧，调整心态，保持冷静和专注。

4R：写提示词

将以下提示词提供给 Kimi 的提示词专家，生成标准的提示词。

提示词

请你扮演一名资深心理咨询专家，撰写一份标准的提示词。任务是运用多年心理咨询的实战经验，对参赛者进行汇报前的心理辅导。要求能够帮助参赛者对汇报内容进行反复练习，使其在心理上做好准备，减少未知带来的紧张感。帮助参赛者在类似比赛的真实环境中进行多次模拟汇报，适应赛场氛围，增强自信心。同时，帮助参赛者采用深呼吸、冥想等放松技巧，调整心态，保持冷静和专注。

AI 回答

- Role: 资深心理咨询专家。
- Background: 参赛者需要进行汇报前的心理辅导，以减少紧张感并增强自信心。
- Profile: 你是一位经验丰富的心理咨询专家，擅长帮助他人在压力环境下保持冷静和专注。
- Skills: 心理咨询、放松技巧、情绪管理、模拟演练。
- Goals: 帮助参赛者通过反复练习、模拟汇报和放松技巧，减少紧张感，增强自信心，提升表现。
- Constrains: 辅导应遵循心理学最佳实践，确保方法科学有效，同时尊重参赛者的个人差异。
- OutputFormat: 心理辅导流程说明、模拟演练脚本、放松技巧指导。
- Workflow。
1. 介绍心理辅导的重要性和目标。
2. 进行心理状态评估，了解参赛者的紧张程度和需求。
3. 教授深呼吸、冥想等放松技巧。
4. 安排模拟汇报，提供反馈和改进建议。
5. 根据参赛者的进步调整辅导计划。
- Examples。
- 深呼吸练习：请闭上眼睛，深呼吸，感受腹部的起伏，慢慢放松。
- 冥想引导：想象自己在一个安静的地方，感受周围的平静和安宁。
- 模拟汇报：现在，想象你正站在比赛现场，开始你的汇报。
- Initialization: 欢迎来到心理辅导环节，我是你的辅导专家。让我们一起努力，让你在比赛中脱颖而出。

5R：修改完善

获取标准提示词后，我们进一步希望 AI 能够推荐一些有助于舒缓紧张情绪的音乐，为此，我们对 OutputFormat 进行如下调整。

心理辅导流程说明、模拟演练脚本、放松技巧指导以及音乐推荐。

完成上述调整后，将修改完善后的提示词复制并粘贴至文心一言，以获取详细的心理辅导流程和放松技巧指导。

AI 回答

心理辅导流程详细说明

1. 心理状态评估

（1）目的：了解参赛者当前的心理状态，包括紧张程度、自信心水平、焦虑来源等，以便制订个性化的辅导计划。

（2）方法

- 使用问卷调查或简短的面谈，收集参赛者的基本信息和感受。
- 评估参赛者的生理反应，如心跳、呼吸频率等，以辅助判断紧张程度。
- 鼓励参赛者开放地分享自己的担忧和期望。

2. 放松技巧教学

（1）深呼吸练习。

- 指导语：请闭上眼睛，深吸一口气，让气息缓缓进入肺部，感受腹部随之隆起。然后，慢慢呼出气息，感受腹部逐渐下沉。重复这个过程 5~10 次，让自己完全放松下来。
- 目的：通过深呼吸调节呼吸频率，缓解紧张情绪，降低压力感。

（2）冥想引导。

- 指导语：现在，请选择一个舒适的坐姿，闭上眼睛。想象自己正置身于宁静的自然环境中，如海边或森林。感受微风拂过脸庞，聆听海浪声或鸟鸣声。让这种宁静、平和的感觉渗透到你的每一个细胞。保持这个状态几分钟，直到你感到完全放松。
- 目的：通过冥想增强自我觉察能力，减轻焦虑和压力，提升内在平静感。

3. 模拟汇报练习

（1）准备阶段。

- 确定模拟汇报的地点、时间、参与人员等细节。

- 准备汇报所需的材料、PPT 或演讲稿等。
- 设定模拟汇报的情境，尽量接近真实比赛环境。

（2）实施阶段。

- 参赛者按照既定顺序进行模拟汇报。
- 辅导专家和其他参与人员扮演评委或观众，并提出问题和反馈。
- 模拟汇报过程中，注意记录参赛者的表现，包括语言表达、肢体语言等细节。

4. 反馈与改进

（1）即时反馈。

- 在每次模拟汇报结束后，立即给予参赛者反馈。
- 指出表现亮点和需要改进的地方，如语言表达的清晰度、逻辑结构的合理性、肢体语言的自然度等。
- 鼓励参赛者保持优势，针对不足制订改进计划。

（2）总结会议。

- 定期召开总结会议，回顾模拟汇报的整体表现。
- 分析共性问题，提出解决方案。
- 鼓励参赛者分享自己的感受和收获。

5. 持续支持

（1）调整辅导计划。

- 根据参赛者的进步情况和反馈结果，及时调整辅导计划。
- 根据参赛者的实际需求，调整模拟汇报的次数和难度。
- 引入新的放松技巧或训练方法，帮助参赛者进一步提升表现。

（2）心理支持。

- 持续关注参赛者的状态变化，及时提供心理支持和安慰。
- 鼓励参赛者保持积极的心态，相信自己能够成功。
- 提醒参赛者合理安排休息和娱乐时间，避免过度劳累。

（3）音乐推荐。

- 放松音乐：选择柔和、舒缓的音乐作为放松训练的背景音乐，如自然声音（海浪声、雨声）、轻音乐（钢琴曲）等。这些音乐有助于降低心率、缓解紧张情绪。
- 激励音乐：在模拟汇报前或需要提振精神时，可以选择一些激昂、振奋人心的音乐作为放松训练的背景音乐，如励志歌曲、交响乐等。这些音乐能够激发参赛者的斗志和自信心。

通过以上心理辅导流程和放松技巧指导，相信参赛者能够以更加轻松、自信的状态迎接即将到来的汇报比赛。

海螺 AI 的语音通话功能具有独特的疗愈功效，能帮助我们有效地舒缓情绪。

温馨提示

采用镇定制胜计，可以有效防止临场紧张，确保在重要场合，如教学创新大赛现场汇报时保持冷静、自信，充分发挥自己的实力，取得优异成绩。

紧张是人之常情，关键在于学会将其转化为积极的动力，而不是抗拒或逃避。在汇报时，专注于每一个当下的瞬间，避免过度思考结果或担心未来，从而减少杂念的干扰。

温馨提示

附录1：材料准备问题清单

为了确保参赛教师能够全面、细致地准备全国高校教师教学创新大赛的材料，同时避免本书中提到的误区，这里提供一份详细的问题清单，旨在帮助参赛教师厘清课程教学创新思路。

一、文件研读与理解

1. 大赛目标与主题理解

- 你如何理解本次大赛的主题？
- 你认为教学创新在你所教授的课程中如何体现这一主题？

2. 组别选择

- 你的教学创新点更适合哪个组别？
- 你为什么选择这个组别？
- 你的课程与所选组别的契合点在哪里？

二、教学创新思路梳理

1. 教学目标设定

- 你的课程的具体目标是什么？
- 这些目标如何体现对知识、能力和思维的综合培养？
- 这些目标是否清晰、具体、可衡量，并且符合学生实际和专业特点？

2. 学情分析

- 你如何分析学生的学习特点、起点水平和认知规律？
- 这些分析如何指导你的教学设计和创新实践？

3. 教学内容与方法创新

- 你的教学内容有哪些创新点？如何体现高阶性、创新性与挑战度？
- 你采用了哪些创新的教学方法与策略来激发学生的兴趣和参与热情？

4. 课程思政融入

- 你是如何在课程中融入思政元素的？是否有具体的案例或实践？
- 课程思政的实施效果如何评估？

三、材料准备与报告撰写

1. 教学创新成果报告大纲

- 你将如何构建教学创新成果报告的大纲？请详细说明各章节内容。
- 如何避免报告与其他参赛作品同质化，并突出自己的创新特色？

2. 支撑材料与数据分析

- 你将提供哪些具体的支撑材料来证明教学创新的成效？
- 这些材料如何体现创新实践的辐射推广价值？

3. 教学设计创新汇报PPT

- 你的PPT将如何设计以避免同质化？
- 有哪些视觉元素和创新点？
- 汇报时如何确保观点明确、论证充分，避免内容杂乱无章和过度使用术语？

四、课堂教学实录准备

1. 视频录制

- 你计划如何录制课堂教学实录视频？
- 如何确保视频的真实性和高质量？
- 如何避免视频中出现透露个人身份的信息或表演痕迹？

2. 视频内容与形式

- 你计划如何选择这两个 1 学时的课堂教学？
- 这两个 1 学时的课堂教学各自展现了哪些教学创新？
- 视频中如何展现教学创新点和课程思政元素？
- 如何通过视频展示师生互动、教学方法和课堂氛围？

五、评审与反馈

1. 评审标准对照

- 你是否仔细研究了大赛的评审标准？
- 如何在材料准备过程中有针对性地体现这些标准？
- 如何确保报告、PPT 和视频内容紧密围绕评审要点展开？

2. 模拟评审与反馈

- 你计划如何进行模拟评审和收集反馈意见？
- 如何根据反馈意见调整和完善材料？

附录 2：材料自查清单

一、基本信息核对

1. 报名信息

· 姓名、性别、出生年月、职称、职务、学历、学位、政治面貌、工作单位等基本信息是否准确无误。

· 照片是否清晰，格式是否符合要求。

· 联系方式（邮箱地址、手机号码）是否有效。

2. 课程信息

· 参赛课程名称、学科门类、开课年级是否正确填写。

· 参赛组别（如"四新"建设、基础课程、课程思政、产教融合等）选择是否准确。

二、材料完整性自查

1. 申报书

· 是否在大赛官方网站填写并导出，且已加盖学校公章。

· 推荐意见栏是否有学校教务部门、政治审查部门、组织或人事部门的盖章和签字。

2. 教学创新成果报告（或课程思政创新报告）

· 是否基于真实教学实践撰写，体现教学创新点。

· 报告内容是否包括摘要、正文，字数是否在 4000 字左右。

· 是否有明确的问题导向、创新举措、创新特色、技术应用与成果辐射等内容。

· 支撑材料目录是否完整，且不含透露个人身份的信息。

3. 课堂教学实录视频

· 是否为参赛课程中两个 1 学时的完整教学实录，且视频文件命名规范。

· 视频格式是否为 MP4，分辨率是否达到 720P 以上，文件大小是否符合要求。

- 视频中是否包含主讲教师和学生的镜头，且主讲教师出镜。
- 视频是否展现了课堂教学的创新性，且不包含配音、画中画效果及透露个人身份的信息。

4. 其他材料

- 如果以团队形式参赛，团队成员信息是否完整准确。
- 教学大纲、教案、课件等相关配套材料是否齐全且内容匹配。

三、格式与规范自查

1. 文档格式

- 文档命名是否规范且易于识别。
- 文档的结构是否完整、布局合理、格式美观。
- 文字、符号、单位和公式是否符合标准规范。

2. 图表与图片

- 图表是否清晰，信息传达准确。
- 图片质量是否高清，无模糊或失真现象。

3. 颜色与字体

- 字体是否统一，大小适中，易于阅读。
- 颜色搭配是否和谐，无杂乱现象。

四、内容自查

1. 教学理念与教学目标

- 教学理念是否体现"学生中心"，符合立德树人思想。
- 教学目标是否科学、准确，符合大纲要求和学科特点。

2. 教学内容与教学方法

- 教学内容是否有深度、广度，体现高阶性、创新性与挑战度。
- 教学方法与教学策略是否具有创新性，注重师生互动和学生参与度。

3. 课程思政

- 是否有效融入课程思政元素，实现知识传授与价值引领的统一。
- 课程思政实施效果是否有具体案例或数据支撑。

4. 教学成效与教学反思

- 是否有具体的教学成效数据或学生反馈证明教学创新的有效性。
- 是否有教学反思，明确下一步改进方向。

五、其他注意事项

1. 原创性声明

- 确保所有提交材料均为原创，未抄袭或剽窃他人作品。

2. 提交时间

- 是否在规定时间内完成所有材料的提交。
- 注意校赛、省赛、全国赛的截止日期，避免错过。

3. 联系方式

- 确保提供的联系方式有效，以便大赛组委会及时联系。

附录 3：产教融合课程教学创新成果报告模板

产教融合课程教学创新成果报告

摘　要

简要介绍课程价值、教学实践中的"真实问题"、产教融合教学创新思路与举措、教学成效及推广价值。

关键词：（略）

一、课程概述

课程背景： 介绍课程设置的背景，重点从国家需求、行业发展、区域特色和学校特色等方面阐述课程以及开展产教融合教学的重要价值。

课程建设历程： 概述与社会或行业企业主动合作、人才培养规格与产业需求、学科专业结构与区域发展、组织模式创新与教学模式改革等产教融合方面的内容。以图文形式介绍本课程的建设历程，尤其是开展产教融合教学从初步探索到深入实施的过程。可以使用时间轴进行展示，如时间轴上方列出课程建设的具体措施，下方则标注相应的成就或效果。

二、教学痛点问题

（一）学情分析

学生的认知特点和起点水平表述恰当，学习习惯和能力分析合理。可以绘制专业的课程关系图，阐明本课程的作用，以便更好地分析学情。

（二）教学目标

教学目标需符合专业课程特点和学生实际情况，表述清楚、具体且易于理解，便于实施，旨在助力拔尖创新人才的培养。注意：在阐述时，需确保正确使用行为动词，表述规范；教学目标应涵盖对应产业需求的专业能力，以及产教融合教学要实现的具体目标，如提升学生的就业竞争力、促进学科交叉融合等。

(三）痛点问题

问题源于应然与实然之间的差距，即从实际需求与学情现状的差距中指出问题所在。在此过程中需确保人才培养规格与领域的各类实践需求相匹配，以培养高素质创新人才为导向，立足专业和学科特色，发现和解决产教融合课程教学中遇到的问题和挑战。注意：痛点问题要和后面的教学创新举措相对应。

三、教学创新思路与举措

（一）教学创新思路

根据产教融合课程教学创新举措，提炼出一条贯穿教学创新始终的主线。绘制一张**教学创新思路图**。该图展现的教学理念应充分体现"以学生发展为中心"的原则，符合专业特色和课程要求；在深化产教融合的过程中推进教育教学创新，提升人才培养的质量，服务区域经济社会发展，促进教育链、人才链与产业链、创新链的有机衔接。同时，该图还应展现通过课程内容的重构、教学方法的创新、教学环境的创设、教学评价的改革、师资队伍的建设、协同办学机制的建立等措施所体现的产学研深度合作，并且这些措施要具有针对性、创新性和可操作性。

教学创新思路的整体设计要富有创新性，注重资源整合，充分体现产教融合协同育人的教学理念、思路和要求；教学方法选择恰当，教学过程设计特色鲜明。

（二）教学创新举措

1. 课程内容重构

以**图文形式**阐述本课程内容为什么要重构以及如何重构。建议使用左右两个框图，分别展示重构前和重构后的课程内容，并通过线条指示重构的过程。这一环节至关重要，是教学创新的基础。注意：需特别强调产教融合内容的融入方式，展现设计的科学性，**且实践性教学内容的比例不低于 30%**。

将教学内容与行业企业、实务部门等具体工作和需求，以及国家产业政策、国内外产业发展的趋势和价值导向紧密结合，将生产现场转化为教学场景，将政产学研的创新理念、机制体制和重大科研成果转化为课程教学案例，以体现课程的高阶性、创新性与挑战度。

紧密对接产业链和创新链，及时将学科研究的新进展、实践发展的新经验、社会需求的新变化及思政教育的内容有机地融入课程教学，确保课程内容更新及时，动态优化。

避免理论与实践脱节，将专业课程的知识点关系、地位、作用融入产业发展的新环境、新背景中讲解，确保描述准确，理论与实践结合得当，高校与行业企业的内容分配合理。

深挖课程思政元素，将其有机融入课程教学之中，实现"润物无声"的课程思政教育效果。

2. 教学方法创新

以图文形式介绍本课程在教学方法上的创新举措，用学生参与课程的图片来支撑整个教学过程的展示。着重强调教学创新亮点，如翻转课堂、项目导向学习等；说明与企业合作的具体模式，包括企业导师参与、实习实训基地设置、课程共建等；介绍学生参与产教融合活动的具体情况。

教学过程应体现教师主导、学生主体、行业企业参与的原则，聘请行业企业优秀专业技术人才、管理人才和高技能人才等参与教学活动。

以解决社会和行业企业实际问题为目标，充分利用产教融合校企合作平台，采用项目式、任务式等教学方法，将专业知识与生产过程和行业标准等相对接，激发学生思考，培养学生在真实生产环境中解决复杂问题的能力。

强调自主自学、合作自学、探究式学习的重要性。

3. 教学环境创设（或教学资源开发）

以图文形式介绍本课程在教学环境创设或教学资源开发方面如何实现产教融合创新。用学生参与课程的图片来支撑本部分内容，展现数字化转型、先进技术融入，体现产教融合的价值。

此外，本部分内容还应体现教学资源储备丰富，行业企业深度参与课程建设和教材编写，包括但不局限于共建校企联合实验室、共建实习实践基地、联合开发课程、共同编写教材等。注重将行业企业发展的前沿成果融入教学内容。

在产学合作开发数字资源方面，将数字产业化和产业数字化作为教学的基本线索，深化数字化技术在教学场景和评价中的应用。

教学过程在行业企业真实场景下开展，培养学生分析、解决复杂问题的能力以及创新和创业的意识与能力，实现实践教学与生产实践的有效对接。

4. 教学评价改革

以图文形式介绍本课程所采用的多元评价体系，其评价方法多元，评价主体多元，行业企业参与评价，且过程性评价和终结性评价相结合，从而使学生所学知识、能力和思维发展得到合理有效评价。

5. 师资队伍建设

以图文形式展示参与教学的双师型师资队伍建设的合理性。

6. 协同办学机制

以图文形式介绍本课程如何构建服务国家战略、突出专业特色、符合学生特点和推动产业高质量发展的合作教学模式，并形成可持续发展的机制体制和基本经验。

四、教学成效及成果辐射

（一）课程教学直接成效

通过课前和课后发放的利克特量表式问卷，并采用配对样本 t 检验，从知识掌握、能力提升、创新思维等方面评价学生的学习成效，特别是评价产教融合取得的实效。汇总教师、学生、企业的反馈，特别是对产教融合部分的评价。

（二）学生的收获

用数据、图表和图片展示学生服务国家战略的意识、专业知识素养、解决产业发展问题的能力的同步提高。同时，展示解决人才培养供给侧和产业需求侧的结构性矛盾的成效，如科研项目、竞赛获奖、成果转化等，可以附上部分优秀学生作品或项目成果，并且要指明是产教融合课程直接产生的系列成果。

（三）教学团队的收获

介绍教师团队在教学、科研，特别是产教融合成果转化方面取得的成绩。

（四）成果辐射

基于证据，有效分析和总结本课程所提出的产教融合教学创新模式有助于促进教学合作和成果转化，具有较强的辐射推广价值。例如，产教融合开展的研讨会、专利转化情况、MOOC 的学生数和学校数、教材发行量等，以及接受新闻采访、被"学习强国"平台转载等情况，都能体现辐射推广价值。